Mentiras... ou não?

DO MESMO AUTOR:

VIOLÃO AMIGO
(em colaboração com Sérgio Barboza;
inclui partituras; edição bilíngüe)

VIOLÃO AMIGO 1: *Cantigas de roda no Brasil*

VIOÃO AMIGO 2: *Obras brasileiras para violão*
(Carlos Gomes, Edino Krieger,
Nicanor Teixeira, Sérgio Barboza)

VIOLÃO AMIGO 3: *Obras brasileiras para violão*
(Edino Krieger, Ernesto Nazareth,
Sérgio Barboza, Vieira Brandão)

VIOLÃO AMIGO 4: *Obras brasileiras para violão*
(Villa-Lobos, Turibio Santos)

Turibio Santos

Mentiras... ou não?
Uma quase autobiografia

Jorge Zahar Editor
Rio de Janeiro

Copyright © 2002, Turibio Santos

Copyright © 2002 desta edição:
Jorge Zahar Editor Ltda.
rua México 31 sobreloja
20031-144 Rio de Janeiro, RJ
tel.: (21) 2240-0226 / fax: (21) 2262-5123
e-mail: jze@zahar.com.br
site: www.zahar.com.br

Todos os direitos reservados.
A reprodução não-autorizada desta publicação, no todo
ou em parte, constitui violação de direitos autorais. (Lei 9.610/98)

Capa: Sérgio Campante

Fotos: Arquivo do autor

CIP-Brasil. Catalogação-na-fonte
Sindicato Nacional dos Editores de Livros, RJ.

	Santos, Turibio, 1943–
S239m	Mentiras... ou não?: uma quase autobiografia / Turibio Santos. — Rio de Janeiro: Jorge Zahar Ed., 2002
	Inclui discografia
	ISBN 85-7110-659-2
	1. Santos, Turibio, 1943–. 2. Músicos – Brasil. I. Título.
	CDD 927.8
02-0873	CDU 92 (SANTOS, T.)

Sumário

Abertura • 9

O Grande Pianista • 9
O concertista • 15
Turibio versus Turibio • 21
Muita cidade para pouca idade • 24
Fim de semana em Nova York • 31
Era uma vez Villa-Lobos • 36
Santana, mentira... ou não? • 41
Monte-Carlo • 45
O maestro • 47
Um homem de coragem • 51
Colégio Pedro II • 55
O chaveiro • 58
DC-3, era uma vez • 62
Ode às mãos • 68
Jacó, o trovão do bandolim • 77
Teatro Santa Isabel • 81
Bebidas inesquecíveis • 84
Viagens precisas, memórias imprecisas • 86
Andrès Segovia em Pernambuco • 91
Descobertas japonesas • 94
A mentira • 99

Discografia • 103
Fotobiografia • entre págs. 36-37

ABERTURA

O aluno me perguntou, desconfiado:

— Professor, o senhor tem discos gravados?

— Devo ter gravado uns vinte e cinco.

— Mas, professor, eu não encontro nenhum disco seu nas lojas... respondeu, acrescentando certa ironia à desconfiança.

— É, isso me aborrece também. Eles aparecem e desaparecem sem muita lógica, mas garanto a você que eles existem, ou já existiram.

Fui para casa preocupado. Havia uma culpa no ar. Como se eu estivesse mentindo para o aluno. De repende desconfiei de mim mesmo e decidi organizar minha discografia. Supresa: até aquele momento, eu havia gravado trinta e cinco discos.

Parecia mentira, mas não era.

Esse pequeno episódio me levou a rever algumas anotações de fatos que vivi, como sonhos distantes, impossíveis, inacreditáveis.

Assim nasceu este livro, quando vou me aproximando dos meus quarenta anos de carreira e sessenta de idade – como uma necessidade imperiosa de testemunhar momentos densos de pessoas maravilhosas a que tive a chance única de assistir.

Agradeço a Marta, que me deu força e amor, ao meu irmão Ronaldo Santos e a Leandro Carvalho pelas ótimas sugestões, e àquele aluno desconfiado, cujo nome esqueci mas que me ajudou a recompor o passado.

Turibio

Este livro é dedicado a Neide, minha mãe, que um dia me deu um pequeno diário.

O Grande Pianista

Era o cais de Lisboa. O navio chegava do Havre. Chegava aos poucos, como uma grande baleia, bufando, cansada. O Grande Pianista percorria a passos longos e largos o cais. O Grande Pianista levava uma casaca. Parecia ter saído dos céus, caído das nuvens. Eu já conhecia o Grande Pianista. Não me atrevia a falar com ele mas ficava admirando aquele vaivém de soslaio. O Grande Pianista era realmente impressionante. Enormes mãos brancas ao lado do corpo, como se pertencessem a alguém maior do que ele. O Grande Pianista tinha os cabelos escorregadios. Quando ficava de lado, os cabelos cobriam metade do seu rosto. O Grande Pianista estava sozinho e acabou por perceber minha presença. Fez um pequeno gesto que não chegava a ser uma saudação. Talvez fosse um sinal de seu infinito desprezo pela minha presença.

O baleião-navio ia se aproximando. Muitas pessoas apareceram no cais quase deserto. Puseram cordas, amarras, passadiços, lançaram sinais: o grande navio deixava de ser baleia, passava a ser terra também.

Pela passarela descia um pequeno tipo vestido quase como palhaço, mãos pequeninas e fechadas. Dirigiu-se ao Grande Pianista. Muitos salamaleques, discurso nervoso, fez-me um pequeno gesto e subimos todos para o navio.

A bordo, alguém indicou-me uma cabine. Guardei meu violão, testemunha silenciosa daquele encontro inesperado no cais do porto.

O navio era habitado por um público cor-de-rosa. Senhoras americanas, a maioria viúvas – o seguro de vida dos finados maridos garantia um cruzeiro de luxo –, todas coloridas, estampadas, gritantes, chapelões brancos. Além dessa multidão de idosas mulheres, havia um público requintado. Seguramente gente de muito dinheiro procurando prazeres gastronômicos e musicais no navio-baleia. Esses prazeres eram generosos e ostensivos: nas duas pontes, uísque à vontade, das melhores marcas. Nas refeições, caviar sempre presente e champagne para a sobremesa. Se os preços eram astronômicos, a proposta dos organizadores não pecava pela economia.

O navio-baleia de luxo tinha dois tripulantes para cada passageiro. Isso era visível no tratamento ultra-refinado, apropriado para seduzir grandes fortunas. No primeiro jantar a bordo, antes de sermos conduzidos para ouvir o Grande Pianista no Teatro de Lisboa, surpreendi-me com o cardápio: bordado sobre um guardanapo, incluindo duas ou três opções ao gosto dos passageiros. Na minha mesa ficava o elegante – realmente, sofisticado – clavecinista, um casal francês, uma graciosa gazela harpista e um enorme trombonista, que descobri ser amigo do Maravilhoso Flautista.

Sendo eu o único brasileiro no meio de todos os comensais franceses, não arrisquei fazer nenhuma opção no menu. Os convivas discutiam alegremente, com um ligeiro tom sofisticado típico dos franceses. Todos haviam compreendido o complicadíssimo quebra-cabeça do cardápio antes do maître chegar. A partir daí, começaram os embaraços pois as interpretações eram falhas. O cardápio, de um teor poético duvidoso, era na realidade uma armadilha para elegantes. Durante alguns momentos, o maître reinou impávido naquele caos de incompreensões. A partir daí, adquirimos o saudável hábito de chamá-lo para explicações, antes de realizarmos qualquer escolha.

Naquela noite, as mãos de mármore do Grande Pianista magnetizaram o Teatro de Lisboa, deixando o público paralisado diante de tanta perfeição. Como sempre, o Grande Pianista recusou o afeto do público e só tocou um homeopático bis depois de longos momentos de eufórica ovação.

Voltando ao navio, partimos para Gibraltar, onde dois dias mais tarde cabia-me dividir uma apresentação com duas estrelas do Royal Ballet de Londres e um quarteto de cordas. Eu abriria o espetáculo seguido pela música de câmara e pelo "Pas de deux". Foi uma noite muito feliz para mim. A apresentação desenrolou-se numa enorme gruta, estruturada como um teatro, excelentes poltronas, iluminação e palco. A acústica era literalmente divina, mas com um toque de imperfeição: no palco, gotejava uma estalactite, regular e sonoramente. Por sorte, com gotas muito espaçadas.

O sucesso alcançado naquela noite levantou um pouco o meu moral. Minha mulher estava grávida do nosso primeiro filho e não pôde acompanhar-me. O incômodo de permanecer num navio quinze dias com sete meses de gravidez não era o principal motivo da sua ausência. Na verdade, os organizadores previam festas coloridas. Noites rosa, azul, bordô, vermelha etc. Ora, a quantidade de vestidos para uma grávida de sete meses reduziria meu cachê a cinzas e eu já chegaria ao cruzeiro com uma dívida fantástica.

Tudo isso contribuía para que meu humor estivesse parecido com o de um doberman em plena crise de hemorróidas. Terminado o espetáculo, descemos para o navio (e realmente descemos, pois a gruta estava localizada no alto do penhasco de Gibraltar), e fui para o bar tomar um uísque. O Grande Pianista estava lá, solitário como sempre, bebericando um champagne. Cumprimentou-me pelo concerto: "Bravo, bravíssimo". Partindo daquele urso selvagem, era elogio para aquela e para a próxima encarnação.

Sentamos para conversar. Contou-me parte de sua vida. Prisioneiro na Segunda Guerra Mundial, durante quinze dias fora ameaçado de execução a cada manhã. A partir daí, desconhecera o medo, a vida tomara outro curso. Descarregaria sempre, como piloto arrojado que era, essa ausência de temor nas corridas de automóvel.

As idéias políticas do Grande Pianista eram extremamente confusas: leninista sem ser marxista, socialista radical, inimigo feroz do poder econômico. Ouvir isto da boca de alguém que está tomando champagne num cruzeiro de luxo sempre deixa um certo desconforto. Aliás, sensação inteiramente confirmada quando chegamos a Cannes no final do cruzeiro. Enquanto milionários se acotovelavam procurando táxis, uma Bentley com chofer esperava nosso artista. Ele subira no navio com um fraque que certamente deixara em

Lisboa. Em Cannes nada mais tinha do que uma maleta escolar – músicas provavelmente, que colocou displicentemente no cofre da Bentley. Sentou-se ao lado do motorista e rumaram para o seu Castelo na Itália.

Os encontros nos bares e nos cabarés do navio eram provocadores de momentos de desabafo e confidências. O afinador dos pianos, profissional cinco estrelas, depois de passar oito horas seguidas com o Grande Pianista, afinando e regulando o piano de bordo, mais parecia um pano de chão. O homem estava arrasado e confessava nunca ter visto nada parecido. Nosso artista era obcecado pela perfeição sem limites. A afinação destinava-se a concertos de música de câmara que o Grande Pianista faria a bordo.

A viagem era realmente paradisíaca. Percorremos o Mediterrâneo fazendo música em ruínas históricas, visitando as ilhas gregas com cenários inesquecíveis. Assistir a *Apollon musagète* de Stravinsky dançado pelos maiores bailarinos alemães, e tendo como palco um anfiteatro grego onde o sol se põe juntamente com os acordes finais da música, é, no mínimo, lembrança para a eternidade.

Esse clima de maravilhamento gerou na nossa comunidade de quatrocentas pessoas uma convivência que escapava às regras do convencional. Dentro desse clima, decidiu-se improvisar um concerto para a tripulação.

Os músicos rapidamente puseram-se de acordo nas possíveis parcerias. Toquei com o Maravilhoso Flautista sem ensaiarmos. Foi uma impressão única.

Agora único, realmente único, foi o duo do Grande Pianista com o Poderoso Violinista. Por capricho do destino, os dois, que se detestavam cordialmente, na confraternização geral foram obrigados a tocar juntos. Assisti a uma das experiências musicais mais fascinantes de toda minha vida: dentro da ilimitada perfeição do duo, o Grande Pianista conseguia jogar gelo puro a cada intervenção do Poderoso Violinista.

Como um computador, o piano transformava-se a cada interferência do violino. Um controle total jogava um vento mortal de indiferença. O público, a tripulação já acrescida de alguns milionários, gostou muito. Eu adorei a experiência inusitada e diabólica de ver o Grande Pianista manifestar, através de sua arte, uma ojeriza pessoal. O Poderoso Violinista saiu desconfiado. Não havia nada a ser criticado, a ser retorquido. Tudo realmente acontecera por arte dos dedos de um gênio.

Setembro de 1972 já vai longe, levando um navio e sua tripulação musical. Na convivência a bordo, ocorreram todos os incidentes, conflitos e pequenas aventuras típicas desse tipo de viagem.

Mulheres pescadas em camarotes de oficiais, maridos namorando escondidos no convés, algumas brigas e desentendimentos, amores novos, amizades novas. Em cima de todas essas lembranças, vai pairar sempre a figura taciturna de Arturo Benedetti Michelangeli, passeando carrancudo entre o bom humor de Jean-Pierre Rampal, Barboteu, Veyron Lacroix, Regine Crespin, Victoria de Los Angeles, Isaac Stern, J.P. Wallez, e mais tantos músicos que deveriam ter encantado um público seleto, mas que acabaram por encantar uns aos outros.

O concertista

Quem é o concertista? Esta pergunta começou a brotar quando eu tinha trinta e cinco anos. Aos poucos, observei que transportava comigo outra pessoa, uma espécie de fantasma meio indefinido. Certas horas ele aparecia, em outras era inexistente.

Na praia, não estava nunca. Nos bares, também não. Nos amores, idem. No entanto, esse personagem ia crescendo e se impondo a todos os meus valores de uma maneira impiedosa. Um dia descobri: era o concertista.

O concertista, como o nome diz, é um homem de palco. Ele exige uma disciplina feroz, um saber sem dúvidas, uma saúde de ferro. Na realidade, quando ele sobe ao palco sua tarefa é de Hércules: é o concertista que mostra ao público os valores do ser humano que o abriga.

Aí começam problemas e paradoxos de toda ordem. O concertista para desvendar a sensibilidade da sua alma e fazê-la comungar com outras pessoas precisa dominar os nervos sem sombra de hesitação. Precisa estar calmo para transmitir a turbulência, precisa estar frio para comunicar a paixão, precisa ser cerebral para entregar as tripas.

Tudo isso regado a muita técnica, sacrifícios, um sentido espartano do dia-a-dia, muita renúncia, e muita espera. Para agradar aos outros (tarefa impossível), o concertista tem de agradar a si próprio (tarefa totalmente impossível). Mas isso não significa que o concertista não seja feliz com suas performances e nem consiga contribuir para a felicidade dos demais.

A memória do concertista funciona paralela à memória normal. Nós nos lembramos sempre, ao entrar num palco, de todos os palcos precedentes. Do primeiro ao último evento, todos estão presentes quando os primeiros passos na direção da platéia entregam ao concertista o destino do ser humano que ele carrega e que colhe sua matéria-prima de emoções no dia-a-dia, longe das platéias.

Tudo que vivi dentro do palco parece ter sido armazenado numa memória à parte. Não só os primeiros concertos em São Luís e no Rio de Janeiro, inesquecíveis, como também o pior concerto da minha vida, em 1966, no Théâtre des Mathurins, em Paris. O teatro, cheio de amigos, assistiu solidariamente ao meu completo despreparo. O violão era novo, não suficientemente trabalhado, eu me excedera nas férias, a atmosfera da sala era gelada... Em suma, tudo contra.

No final do programa, os amigos, por gentileza, pediram um bis. Ao terminar a música, levanto para agradecer e penso: "Graças a

Deus acabou. Nada mais pode acontecer hoje." Nesse exato instante cai a faixa do meu smoking provocando uma gargalhada geral.

Sempre adotei como técnica, ao cruzar a cortina do palco, enfrentar o público com otimismo, e uma certa altivez. Sentimentos que conduzem você num caminho positivo e de bem-estar. No entanto nem sempre a sua determinação resolve o problema.

Teatro Municipal de São Paulo lotado: *Concerto de Aranjuez*. O regente me faz sinal para entrarmos no palco. Atrás de uma cortina, escondia-se, pasmem, traiçoeiramente, um trilho de ferro na vertical. Pimba! Dou de cara no trilho, rodopio e saio feito um peru bêbado na frente de quase duas mil pessoas. Atrás de mim, o regente disfarçando a gargalhada e os músicos sem entenderem porque eu demorava tanto a atacar o concerto.

É por essa e por outras que a preparação do concertista tem de ser rigorosa. Depois dos primeiros passos no palco, ele se transforma num astronauta pronto para quaisquer imprevistos.

Salle Pleyel, em Paris, Oscar Cáceres e eu tocando em duo. Uma corrente de ar gélida corta o meio do palco nos deixa crispados e tensos. No intervalo, reclamamos. Nenhuma providência foi tomada. Uma semana depois leio no *Le Monde*: Arturo Benedetti Michelangeli abandona recital pela metade na Salle Pleyel por causa de uma *courant d'air*.

Mas a terrível *courant d'air* na vida de concertista é a solidão. Ela cresce à medida que crescem o seu reconhecimento e sua adoção pelo público. A partir de um certo ponto, para a manutenção de uma carreira maior somos obrigados a depender de uma máquina comercial muito pouco afeita aos sentimentos humanos, máquina que exige datas — às vezes com até um ou dois anos de antecedência – uma obediência ilimitada aos seus roteiros, uma eficiência permanente em todos os concertos.

Quando me vi fazendo – sonho da maioria dos jovens músicos – uma centena de recitais por ano e com a agenda lotada com um ano de antecedência, percebi a última armadilha que o concertista me preparara: a solidão. Total, devastadora.

Quando se toca a cada dois dias em países, cidades, salas diferentes, não há tempo para lazer. Existe tempo, e até de sobra, para descansar. Por quê? Porque você precisa estar repousado na hora do concerto. Sem essa de fumar muito, beber, fazer turismo à vontade. Todas as suas energias estarão mobilizadas para os encontros com o público.

O público, essa entidade maravilhosa. Que sai de casa, se veste, paga o transporte, paga a entrada para aplaudir você. Não pode existir nada mais compensador para o concertista. Só que, acabado o concerto, o público vai embora e você vira um órfão do concertista. Os amigos não estão ali, nem a família, nem os amores. Tudo é fugaz e cruel.

Num domingo à tarde, em país estrangeiro, você vê as famílias e lembra-se da sua. Lembra-se da agenda a cumprir durante um ano inteiro. Lembra-se que terá de tocar em Dijon dali a nove meses, às 19 horas. Que tocará em Newcastle às 21 horas um ano depois. E a máquina empresarial não admite desistências ou fraquezas. Ela necessita desesperadamente da sua presença e evidentemente da sua comissão para sobreviver.

Nos Estados Unidos, onde os empresários jogam duríssimo, contavam-me sempre o caso de uma cantora lírica, que após sucessivos contratos descobriu que ao final de cada apresentação teria de pagar 110% de comissão a empresários. Logicamente a ingênua dama foi salva pela justiça americana. A dependência do concertista não termina com os empresários. Ela prolonga-se nas gravadoras e suas ramificações de poder.

Com a mobilidade espantosamente veloz do capitalismo, descubro que as Edições que construí com tanto carinho para a Max Eschig (França) e Ricordi (São Paulo), além dos dezoito discos gravados para a Erato (França), já passaram para mãos de terceiros, inclusive de holdings que não têm mais nada a ver com a música. Grupos alimentícios e construtoras, por exemplo.

Aos trinta e cinco anos de idade decidi formatar o concertista dentro de mim como bem entendesse. O círculo familiar e de amigos ficou espantado com tal decisão: "Vai parar de viajar? Vai morar no Brasil?"

Durante dez anos, apliquei-me no projeto de transformar aquele intruso na minha alma – o concertista – em um ser que contribuísse para a felicidade dos meus e o enriquecimento de um princípio cultural muito além da virtuosidade, e do nome nos cartazes. Deu muito trabalho. Mas um trabalho que valeu a pena. Que refez todos os meus sentimentos sobre a música e sobre o viver.

Hoje, vejo o "concertista" com gratidão. Ele levou-me distante e me trouxe para mais perto de mim mesmo. Graças a ele não deixei lamentações na estrada. Mas aprendi uma das maiores lições desta vida: o maior tesouro está dentro da gente, dento do peito onde pode se apoiar um violão.

Turibio versus Turibio

São Luís, 1961. Na minha querida rua das Hortas, o constante vaivém entre as casas dos parentes. As famílias são numerosas e as memórias de um Brasil colonial ainda têm força na presença de uma octogenária numa rede, nos apelidos (Nhô, Sinhô, Sinhozinho),* nos casarões bem conservados e na postura ainda dócil dos serviçais que permanecem confinados amigavelmente nas imensas cozinhas e quintais.

As crianças, candidamente, depositam suas bolas de gude nos trilhos dos bondinhos para produzir o serol, as pipas enfeitam os telhados e dividem a brisa morna com os urubus. De uma varanda mais alta, um parente entediado mata urubus a tiros, entre dois cigarros.

Gente querida, gente terna, hospitaleira, que retirava aquela ruela do tempo. Podia ser Roma antiga, a Grécia, uma viela japonesa

---

* Um dos maiores músicos e violonistas do Maranhão, João Pedro Borges, tem o apelido de Sinhô.

ou chinesa. Que importa? A teia familiar, com suas emoções permanentes, suas trocas, seus desgastes, seus aportes, parecia à prova da desagregação, da separação, do desaparecimento. Essa ilusão nos enchia de felicidade e segurança.

À noitinha Bichat Caldas vem me buscar no velho casarão da esquina. Ignácio Braga está com ele.

— Turibinho, pega o violão e vamos pra uma festa!

— Que festa, Bichat?

— Aqui na esquina. Tem um cara da tua idade, maranhense, tocando violão. E adivinha...?

— ...

— O moleque também se chama TURIBIO!!!

E lá fomos nós, uma verdadeira expedição da rua das Hortas para reivindicar a exclusividade local do nome e do instrumento.

Naquela época, eu já me dedicava ao violão com o ímpeto da paixão e não foi difícil dar um susto no outro TURIBIO, espantadíssimo com semelhante situação.

No público, estava dona Lilá Lisboa, presidente da Sociedade de Cultura Artística do Maranhão (SCAM). O convite foi fulminante:

— Meu filho, você tem de fazer um concerto aqui no Teatro Artur Azevedo! Qual é o seu cachê?

Eu não tinha ainda a menor intenção de me profissionalizar, menos ainda de discutir preço de apresentação. Mas arrisquei:

— Se a senhora pagar a passagem do meu pai, eu venho.

Em 27 de julho de 1962, eu fazia meu primeiro recital na minha cidade natal, no Teatro Artur Azevedo. Meu pai, estava lá!

Hermínio Bello de Carvalho, aluno de Antonio Rebello, como eu, soube dessa história. Como era produtor de rádio, pesquisador e profundo conhecedor de violão, tanto popular como clássico, organizou no Rio de Janeiro, sem que eu soubesse, um recital com o mesmo programa de São Luís.

Quando regressei, encontrei-me diante de uma situação definida. Tocaria na ABI no dia 17 de agosto de 1962, e no programa, já impresso, estavam opiniões elogiosas a meu respeito de Jacó do Bandolim, Antonio Rebello, Radamés Gnattali e Maria Luisa Anido. Surpreendente Hermínio!

Até hoje, me espanto com a força daquele outro TURIBIO, numa encruzilhada com a rua das Hortas, decidindo o meu destino.

Muita cidade para pouca idade

Em junho de 1965 desembarquei em Paris, ganhei um concurso da Rádio Televisão Francesa e, depois de realizar cursos de férias com Julian Bream na Inglaterra e Andrès Segovia em Santiago de Compostela, decidi ficar na "cidade-luz" até quando o dinheiro desse. Em 65 não se encontravam brasileiros em cada esquina como hoje em dia. Nossa cultura ali era quase inexistente: raras referências a "Tico-Tico no fubá" ou "Aquarela do Brasil", e mais nada. *Orfeu negro* tinha acabado de passar por lá, confirmando sempre aquela notícia de país exótico e distante: le Brésil.

Na "cidade-luz" tive direito a um roteiro completo de artista imigrante: quarto de empregada (*chambre de bonne*) na rue Demarquay, sexto andar, Xème arrondissement. A solidão era tanta que algumas vezes eu rezava para encontrar a *concierge* e poder dizer bom-dia, boa-tarde ou boa-noite para alguém.

É verdade que ali estavam vivendo o Mauro Lobo, o Marcos Paraguassú e o Guilherme Figueiredo e sua querida Alba. Gente maravilhosa mas pouca, para quem tinha saído do Posto 2 em Copacabana, de uma família com mais de doze pessoas, muita música, muita alegria, muita agitação. Paris com todo seu fausto e riqueza só me apresentava o chumbo cinza de seus telhados cheios de pombos porcalhões.

Passado o primeiro inverno – e milhares de sonhos com Brasil, amigos, minha namorada Sandra –, decidi, já que tinha a passagem de volta, queimar todo o dinheiro no Quartier Latin mas aproveitar a cidade. La fui eu: 33, rue des Écoles, Grand Hôtel Moderne. A partir daí a capital me envolveu com sua mágica eterna, seus jardins, seus palácios, sua boemia e suas aventuras.

Alguns amigos me permitiram a ida a Paris. Edino Krieger apresentou-me ao chefe da Divisão Cultural no Itamaraty: Vasco Mariz. Como eu era finalista de um concurso internacional, na época o mais importante para violão, uma passagem foi conseguida por ele. Chegando em Paris fui convidado à embaixada do Brasil através do seu adido cultural: Guilherme Figueiredo. Quando ganhei o concurso, Guilherme conseguiu que o governo brasileiro dobrasse o meu prêmio. Com esse dinheiro pude, na volta de um curso com Andrès Segovia em agosto de 65, ir a Madri e comprar um violão de José Ramirez.

Era meu primeiro grande violão, sem tirar o mérito do violão uruguaio Santurion, com o qual ganhei várias batalhas, e do pequenino Do Souto usado na primeira gravação dos 12 Estudos de Villa-Lobos em 1962 para o Museu Villa-Lobos, e emprestado pelo meu querido amigo Antônio Carlos Brandão.

Numa daquelas tardes infindáveis, em novembro de 65, alguém bateu com muita gentileza na porta do meu quartinho. Que alegria: Raquel Ramalhete! Ela fora minha aluna de violão no Rio de Janeiro. Às vezes eu estava louco para ir à praia "pegar jacaré" – hoje seria surfar – e Raquel surgia com a pontualidade de um relógio suíço. E ali, de surpresa, leve, gentil, amorosa, no meio da solidão infernal de quem passa seu primeiro outono europeu tão longe da alegria, me aparecia aquela tábua de salvação. Raquel havia se casado com Chico Paiva Chaves e planejavam sair da Bélgica – onde eram bolsistas – para residir em Paris. Fizemos muitos planos e o futuro me pareceu mais risonho em companhia dos meus amigos.

Nessa mesma ocasião uma visita passava por Paris como um bólido, levando uma conferência sobre Heitor Villa-Lobos através da Europa, com o apoio do Itamaraty: Hermínio Bello de Carvalho! Sendo professor do Conservatório Municipal do Xème arrondisse-ment, levei o Hermínio para conhecer o *maire* (prefeito) do Xème, que acumulava a direção do Conservatório: Monsieur Allard. Perso-nagem super francês, herói da Resistência, um homem que conse-guia ser severo e brincalhão ao mesmo tempo. Como Hermínio mal arranhava o francês, Mauro Lobo e eu convertemos sua conferência em um francês fonético para que ele pudesse, lendo em português, fazer-se compreender na outra língua. O resultado foi excelente, a conferência teve êxito, mas não me sai da memória a primeira frase de Monsieur Allard para Hermínio: "Parlez-vous français, Monsieur Carvalho?" Resposta: "Yes... (?)"

• 26 •

Já na rue des Écoles, junto com Mauro Lobo, bebemos tudo que era possível com nossos parcos recursos e a boemia tomou conta da situação. Raquel Ramalhete e Chico me convidaram para dividir um apartamento na rue Notre Dame des Champs, onde vivera e romanceara Ernest Hemingway.

Na rue des Ecoles eu ainda vivi momentos inesquecíveis, quando da visita de Clementina de Jesus, Pé Grande, Paulinho da Viola e Elton Medeiros. Eles iam para o Festival de Cannes mas deram uma parada em Paris, para minha alegria. Nunca esquecerei os comentários iluminados de Clementina sobre a arquitetura da cidade, a Notre-Dame, as entradas de metrôs.

Num pequeno hotel, pergunto a uma senhora octogenária por Clementina. E ei-la que surge, alegre, com o seu vozeirão "à la Satchmo", agarra a velhinha cor-de-rosa amparando seus brancos cabelos e me pergunta: "Meu filhinho, ela não é uma gracinha?"

Num outro dia, deixei-os na esquina da rue des Écoles com o boulevard Saint-Michel pois precisava dar uma aula no Grand Hôtel Moderne. Ficou em companhia deles o Volney, amigo meu, uruguaio e sólido andarilho. Dada a aula, qual não é minha surpresa chegando ao Café? A francesada toda dançava na calçada em companhia de Clementina descalça, enquanto Pé Grande, Elton, Paulinho e Volney substituíam com galhardia uma escola de samba completa. Deus deve ter guardado aquele momento na memória eterna de uma cidade chamada Paris.

Já instalado na rue Notre Dame des Champs, abro a porta e, surpreso, recebo dois amigos que não se conheciam entre si, mas que a coincidência reunira num episódio de rua, fora de série. Um famoso jornalista brasileiro acabara de chegar como exilado político na cidade. No boulevard Saint-Michel deparou-se com um mendigo que, ouvindo os passantes falando português, adiantava-se com uma frase extraída de músicas de carnavais passados: "Me dá um dinheiro aí..." Nesse mesmo instante meus dois amigos chegaram-se ao grupo e ouviram as explicações do mendigo. Era brasileiro e estava ali desde a época de Washington Luís, quando aportara em Paris como asilado político. O pobre jornalista, recém-chegado, engoliu em seco avaliando os riscos do seu futuro. E meus amigos descobriram que ambos vinham me visitar, por coincidência naquele exato momento.

Nos vinte anos que passei em Paris aprendi: brasileiro nunca fica muito tempo só, tem sempre outro rondando por perto. Entre 1965 e 1985 eles foram chegando devagarinho. Primeiro alguns discos de bossa nova, mais tarde até salas especializadas em MPB por toda a cidade. Dos tímidos e sofridos exilados da ditadura, fomos acabar em levas de arrogantes turistas consumidores e, diga-se a bem da verdade: uns primores de falta de educação.

Em janeiro de 67 chegava Sandra. Paris se renovou de emoções para o casal que começava distante de suas raízes, amigos, famílias, desfrutando uma longa lua-de-mel, cheia de aventuras, viagens, falta de grana em pleno verão francês... Mas de repente o telefone tocava: recital no Club Mediterranée. Al Hoceima. Praia, sol, liberdade, durante vinte dias no Marrocos.

No fim de 67, Sandra e eu morávamos na rue Guisarde, no coração de St Germain-des-Prés. Típico atelier de artista. Nessa época vieram viver conosco meus amigos Irma e Oscar Cáceres. Ele, meu professor e parceiro, pois tínhamos um duo desde 1962. O aperto era danado no estúdio, mas eu cumpria a promessa que tinha feito para mim mesmo: trazer o Cáceres para a Europa assim que pudesse. Ele vivia modestamente em Montevidéu, em condições que não condiziam com seu grande talento e o da sua esposa.

Em Paris, nosso círculo de amigos aumentava. Quando o homem pisou na Lua pela primeira vez estavam em Guisarde: Pedro Soler, violonista francês flamenco, Atahualpa Yupanqui, cantor e poeta argentino, Oscar, Irma e Conceição, minha irmã. Ainda guardo um disco, autografado por todos.

Em 1969: Clinique Marignan. Sandra recebe os exames e caminhamos até Alma-Marceau na beira do Sena. Ela confere os exames e dançamos como se fôssemos Adão e Eva esperando o primeiro descendente. Ricardo nasce dia 8 de dezembro de 1970. Em 71, tudo se repete com emoção irretocável. Manuela nasce no dia 30 de dezembro de 1972.

Os dois filhotes reorientam minha bússola. Ela aponta para o Brasil, para o nosso amado Rio de Janeiro, onde todos desembarcamos em 1974. Durante dez anos ainda iria a Paris intensamente, mas sofridamente. Memórias que se acabavam. Paris devoradora de pessoas, tradições, profissões. Paris cada vez mais "cidade-vitrine", como aliás todas as grandes cidades do planeta. São templos de consumo, de troca, de agitação. Mas os vestígios daquela época de alegria e descobertas ainda são poderosos e nos paralisam.

Em 1998, levo Marta, já casada comigo há uns dez anos, para conhecer a cidade. Crítico, vocifero, tenho raiva, me sinto lesado. E

Paris, magicamente, no último dia da nossa viagem, debaixo de um sol transparente, frio, de ouro, se abre toda como uma mulher oferecida e me reconquista, desta vez para sempre.

Fim de semana em Nova York

Nova York se destacava contra um fundo azul escuro em entardecer de outono. A cidade parecia maior ainda naquela hora e naquelas circunstâncias. O sacolejar do carrão americano imitava um barco, silencioso, ondulante, avançando sempre na direção da megápole. O cheiro era insuportável. Os cachorrinhos corriam de um lado para o outro, nervosos com o mal-estar de Berenice. Acabaram, como ela, vomitando também no interior do carro, e eu tinha a impressão de estar trancado numa nave maldita, partindo expressa para o inferno.

Eram cinco horas da tarde quando o assistente do meu empresário ligou. Aproximava-se um feriado longo no final de outubro e ele, gentilmente, lembrou-se que eu ficaria só, em Nova York. Propôs então que viesse junto com ele, um amigo e uma velha senhora, vizinha de ambos – eram um casal homossexual –, para um fim de semana nos arredores da cidade. Estaríamos numa bela casa de campo, cercada de bosques e animais, um lugar paradisíaco, enfim.

Aceitei o convite e organizamos os detalhes do transporte. Seguindo as instruções dadas, cheguei no dia seguinte de ônibus e eles foram me buscar na rodoviária: Bill e Richard. Bill, meio sofisticado e amaneirado, estilo intelectual da grande cidade, e Richard, seu amigo mais velho, um sujeito de humor áspero e ligeiramente agressivo.

Na casa, já instalada, Berenice, com seus minúsculos cachorrinhos, nos esperava, cheia de *welcomes*, bem-humorada, falante e evidentemente muito feliz de estar ali. Seus belos cabelos brancos indicavam tratar-se de uma octogenária.

Pelas janelas, as árvores douradas do outono balançavam suavemente, já saudando o inverno com suas folhas caindo. Um grupo de veadinhos aproximou-se do terreno. Eram "bambis" brincalhões e muito numerosos naquelas paisagens. A nossa pequena comunidade preparou-se para usufruir o fim de semana nos moldes mais tradicionais. Nos instalamos na sala, com os salgadinhos, as cervejinhas e os uísques, e, enquanto Richard já organizava os preparativos para o almoço, o papo se instalou.

Perguntaram-me sobre o Brasil, minhas turnês, o que achava da América, como era minha família, meus amigos etc. Sentia-me seguro e tranqüilo na companhia daquelas pessoas tão cordiais, quando Berenice desmaiou subitamente. O copo de uísque escorregou das suas mãos e ela, lívida, permanecia imóvel.

Estávamos ali, os três, estupefatos, Berenice e a terrível pergunta pairando na ponta das nossas línguas:

— Será que ela morreu?

Da mesma maneira como apagou, Berenice voltou rapidamente à cena. Deu um sorriso encantador como se nada tivesse acontecido, recolheu o copo de uísque e dispôs-se a servir-se novamente.

Richard continuava espantado.

— Você está bem, Berenice?

— Estou ótima, Richard.

— Mas você acaba de desmaiar!

— Ah! Deve ser alguma bobagem sem importância. Vamos curtir nosso fim de semana.

Com um pouco de constrangimento nos reinstalamos todos e Berenice tomou a palavra. Era encantadora. Contou histórias da juventude e de Nova York. Realmente era um privilégio uma companhia com tanta verve para o fim de semana.

Quando já considerávamos o episódio do mal-estar encerrado, Berenice desmaia novamente, e desta vez, rola pelo tapete acompanhada pelo copo de uísque. Para meu total espanto, antes mesmo de verificar o estado da anciã, Richard começa a vociferar grosseiramente:

— Velha desgraçada. Vai estragar o fim de semana. Perguntei a ela mil vezes como estava e mil vezes disse que estava bem.

Bill, mais sereno, aproximou-se de Berenice e, tomando-lhe a cabeça entre as mãos, procurou acordá-la:

— Berenice, Berenice...

Richard cruzava a casa em todas as direções, mais preocupado em descarregar a própria ira do que com o estado de saúde da amiga. Berenice, desta vez, lentamente, começa a acordar:

— Que foi? O que aconteceu?

— Aconteceu que você está morrendo, Berenice. Está morrendo e destruindo o meu fim de semana!

Bill tentou controlar o conflito e acalmar o destemperado companheiro. Não teve sucesso. Começaram a discutir todos, até que Berenice apagou novamente. Achei que era hora de intermediar a situação. Enquanto Bill buscava uma toalha úmida, propus uma retirada estratégica:

— Acho melhor voltarmos para Nova York antes que esta situação fique mais dramática.

Berenice acordava. Estremunhada, concordou com o retorno. Richard, transtornado, foi buscar o carrão. Colocamos os cachorrinhos de Berenice numa cesta e lá fui eu, sonhando já com a paz do meu hotel.

Quando chegamos a Nova York, o alívio de descer daquele carro inundado de vômitos apaziguou um pouco os espíritos. Bill retirou os cachorrinhos, Richard e eu transportamos a combalida Berenice para seu apartamento, vizinho ao do casal.

E aí residia o último problema. Entre os dois apartamentos no térreo, estavam as caixas de correspondência dos moradores. Quando passávamos por elas, Berenice se recompôs e declarou, impávida:

— Preciso ver minha correspondência!

Foi a gota d'água. Richard, histérico, entra no seu apartamento aos berros:

— Filha da puta! Tomara que morra!

Os cachorrinhos começam a dançar uma frenética ciranda no corredor; Bill, irritado, aproxima-se para levar Berenice; e eu me esgueiro com um breve agradecimento, de volta à noite nova-iorquina, na sua infinita paz.

Era uma vez Villa-Lobos

A figura era impressionante: tinha, realmente, cara de gênio! A cabeleira revolta lembrava aquelas estatuetas de Beethoven, o olhar penetrante, o jeito descontraído mas autoritário. Que felicidade! Não podia acreditar: naquela sala meio tristonha, desajeitadamente grande, estavam entrando Heitor Villa-Lobos, Arminda e sua irmã Julieta.

Sentaram-se na grande mesa catedrática e, sentindo-se longe da minguada platéia, Villa-Lobos pediu que os violonistas e músicos fossem se instalar do outro lado da mesa. Adhemar da Nóbrega, musicólogo, e eu nos aboletamos timidamente em frente ao gênio. Hermínio Bello de Carvalho não pôde ir. Estava acamado e, sabiamente, pediu-me para anotar vírgula por vírgula tudo o que Villa-Lobos dissesse para utilizar no seu programa *Violão de ontem e de hoje*, na Rádio MEC.

Eu tinha quatorze anos de idade e trajava o uniforme do Colégio Pedro II.

1. Aos 5 meses de idade, em 1944, com o pai Turibio e a mãe Neide.

2. Pai, homônimo e seresteiro.

3. Entre a mãe Neide e a madrinha musical Arminda Villa-Lobos.

4. Primeiro concerto, no Teatro Artur Azevedo, São Luís do Maranhão, 27.7.1962.

5. Da esq. para dir.: Ismael Silva, Jacó, Mozart de Araujo, Cristina Maristany, Donga, Arminda Villa-Lobos, Herminio Bello de Carvalho, Monina Távora, Jodacil Damaceno, Turibio e Mario Cabral. 1962, Palácio da Cultura, RJ.

6. Com Andrès Segovia, em Santiago de Compostela, Espanha, em julho de 1965.

7. Um dos quatro recitais realizados nos últimos 200 anos no Petit Château de Maria Antonieta em Versailles.

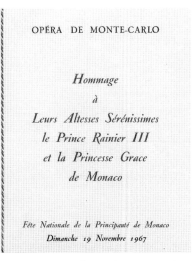

8. Programa da Ópera de Monte-Carlo. Concerto em homenagem ao príncipe Rainier e à princesa Grace de Mônaco, 19.11.1967.

9. Concerto excepcional, no XXV aniversário do Conselho Internacional da Música, 8.1.1974.

10. Primeira audição de obra de André Jolivet, Paris, 14.4.1970.

11. Solista com a Royal Philarmonic Orchestra, 15.12.1973.

12. Recital com Yehudi Menuhin, em Gstaad, Suíça, 1979.

"He chose a programme which demonstrated his extraordinary palette of sound colours."
LE FIGARO

"No matter what he played— Bach counterpoint, dances by Turina, études by Villa Lobos—the music flowed so smoothly from under his fingers that the performances seemed absolutely effortless. And everything was inflected with dynamic shadings and color values that told of sensitivity to artistic detail."
NEW YORK TIMES

"He is a true artist."
THE TIMES / LONDON

"Mr. Santos is a superb virtuoso, note-perfect and in command of a range from hushed whisper to effortlessly powerful resonance. His playing fascinates by its delicacy of nuance and its musical discipline . . . one of the finest guitarists I have heard . . ."
THE SYDNEY MORNING HERALD

13. Críticas internacionais.

14. Concerto em Istambul, Turquia, 1979.

15. A pioneira Orquestra de Violões,
Teatro Municipal, Rio de Janeiro, 1983.

16. Festa na casa de Jacó, em Jacarepaguá. *Da esq. para a dir.:* Antonio Carlos Brandão, Nicanor Teixeira, Inês Damaceno, Jodacil Damaceno, Darci Villa-Verde, Oscar Cáceres, Irma Ametrano, Turibio e Jacó.

17. Com Clementina de Jesus e Pé Grande, Paris, 7.12.1966.

18. Com Ismael e Araci de Almeida.

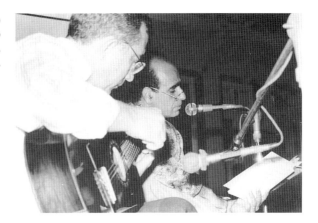

19. Com Afonso Romano de Sant'Anna, no Centro Cultural Banco do Brasil, Rio de Janeiro, 1998.

20. Com Rafael Rabello, no pátio do Museu Villa-Lobos.

21. Com Guinga, 1997.

23. Turibio, Ricardo e Manuela, em São Luís do Maranhão, 1978.

22. Turibio, Sandra, Ricardo e Manuela: a pequena família em Paris.

24. Turibio e Marta, após um recital no Palácio Pamphili, Roma, 1997.

25. Turibio, Marta e os enteados, Julio e Alberto, 1996.

Villa-Lobos era um homem loquaz e sabia monopolizar a atenção das pessoas. Gostava de usar as mãos enquanto descrevia os personagens que ilustravam aquele encontro com sua obra violonística: Andrès Segovia e Julian Bream.

Para enriquecer sua palestra, havia um toca-discos e alguns LPs. Falou dos Prelúdios que ouviríamos na interpretação de Bream. Eram originalmente em número de seis. O sexto, considerado por ele o mais bonito, fora perdido. Eram todos dedicados à Mindinha (Arminda) e representavam homenagens: o nº1, ao Homem do Campo Brasileiro; o nº2, ao Capadócio (malandro) Carioca; o nº3, a J.S. Bach; o nº4, ao Índio Brasileiro; e o nº5, à Vida Social Carioca.

Nesse momento houve uma pausa de dúvida na platéia e Villa-Lobos, bem à maneira de Darcy Ribeiro, soltou a brincadeira:

— Vida Social Carioca são esses menininhos e mocinhos arrumadinhos, certinhos, fresquinhos que vão aos concertos e ao cinema.

Estouram as gargalhadas e Villa-Lobos se precipita para explicar que o "fresquinho" não tinha nenhum sentido malicioso. Lembrou-se então da emotividade de Julian Bream, que no primeiro encontro com ele não resistiu à força das lágrimas.

Passamos aos Estudos. O maestro explica cuidadosamente a origem da obra. Conhecera Andrès Segovia numa festa em Paris, em 1923. A primeira impressão que teve era de um artista cabeludão, meio cheio de pose e cercado de mulheres.

Segovia, não percebendo que o compositor se aproximava trazido pelo pianista espanhol Tomás Teran, teria comentado que Villa-Lobos não conhecia bem o violão e indicara em sua Valsa-Concerto nº2, mostrada por Miguel Lhobet – virtuoso espanhol –, a utilização do auricular na mão direita e do polegar na mão esquerda.

Villa-Lobos se apropria do violão de Segovia, mostra algumas peças e o deixa completamente fascinado. Nesse momento, nasce uma amizade sólida, de fidelidade e fidalguia, que podemos verificar na correspondência trocada por ambos. Em 1929, Villa-Lobos termina a série de 12 Estudos dedicada ao amigo.

Anos depois, em 1965, em Santiago de Compostela, pude ouvir a mesma história contada por Segovia. E as versões só diferiam num ponto. Andrès dizia: "Villa-Lobos pediu-me o violão com muita veemência"; e Heitor: "Tomei o violão dele na marra!"

Villa-Lobos discorreu sobre o Concerto para violão e orquestra. Originalmente uma Fantasia, Segovia serviu-se de Arminda para advogar uma cadência, tal como no Concerto para harpa dedicado a Nicanor Zabaleta. Depois de muita insistência, foi atendido, e o resultado comemorado com uma garrafa de champagne oferecida a Arminda por Segovia.

Relembrou os tempos da boemia, dos chorões, de João Pernambuco, que ele ajudara colocando-o como porteiro – era o único lugar disponível administrativamente na época, para um emprego – naquele mesmo Conservatório de Canto Orfeônico. Anos depois, Arminda Villa-Lobos me contou que na casa de D. Noêmia, mãe do compositor, organizaram um jantar em homenagem a Pernambuco, por quem todos tinham muito carinho. O violonista pegou o violão de Heitor e tocou suas próprias obras das nove da noite até as três da madrugada. Heitor não se continha:

— João, é preciso escrever tudo isso. São obras lindas! Pernambuco irredutível. Ficara marcado no fundo da alma ao ver seu nome desaparecer da autoria de "Luar do sertão" e "Cabocla de Caxangá". Não escrevia nem deixava escreverem. Não o roubariam mais. Era o primeiro mártir do direito autoral no Brasil.

Naquele encontro, Villa-Lobos definia sua trajetória com o violão. Havia composto peças populares no começo do século — os 12 Estudos para o violão virtuose, os Prelúdios dedicados à Arminda, a Introdução aos Choros escrita posteriormente à série monumental dos Choros, a *Distribuição das flores* e o Concerto para violão e orquestra —, bem como transcrito algumas canções para voz e violão. Com tudo isso, nas suas próprias palavras, havia dado a volta em torno do violão: considerava sua obra para o instrumento concluída e não voltaria a compor, embora o violão fosse o instrumento do seu coração.

Esta conclusão de Villa-Lobos define bem claramente a capacidade extraordinária que esse homem tinha de se autoprogramar. Provavelmente um dom de gênio, do qual se aproveitava para preparar meticulosamente seus próprios currículos. Estudou a obra de Bach, os Tratados de harmonização existentes, os de orquestração. O violão, dito por ele mesmo, foi visitado nas obras de Carrulli, Carcassi, Aguado, Coste, Sor e numa precursora tentativa de transcrever a Chaconne de Bach.

Mais tarde, o talento de criar o próprio currículo manifesta-se grandiosamente nas séries de Choros, Serestas, *Bachianas Brasileiras*, Quartetos, Sinfonias. Programas que ele cumpriu meticulosamente até o último dos seus dias.

Aquele garoto, de quatorze anos, nunca poderia imaginar que a vida generosamente faria de Arminda Villa-Lobos, cinco anos mais tarde, sua madrinha musical.

Villa-Lobos faleceu em 17 de novembro de 1959. O Museu Villa-Lobos foi criado por Arminda em 1960. Em 1962, ela, que me ouvira tocar numa conferência de Hermínio Bello de Carvalho sobre o maestro, convida-me para gravar os 12 Estudos, na sua primeira versão integral. Era igualmente o primeiro disco do Museu Villa-lobos e o meu primeiro disco. Em 1963, apresentei-me no Festival Villa-Lobos, executando a série integral dos 12 Estudos. Tinha vinte anos e nem compreendia perfeitamente a importância de tudo aquilo. Arminda foi uma grande amiga e a recíproca, verdadeira. Muitas vezes, escutei-a, emocionada, falar de Villa-Lobos e dos momentos maravilhosos que viveram juntos.

Em 1986, a vida, nos seus misteriosos desígnios, levou-me à direção do Museu Villa-Lobos. Um convite inicial de Ricardo Cioglia transformou-se num convite "imperativo" do meu querido amigo Joaquim Falcão para dirigir a obra, heroicamente criada por Arminda Villa-Lobos.

Nos últimos dezessete anos, vivi momentos inesquecíveis em companhia de uma equipe generosa e devotada de corpo e alma à resposta que Villa-Lobos prenunciou, ele mesmo, das futuras gerações à sua obra.

Santana, mentira... ou não?

Acho que foi um sonho. Por isto estou escrevendo. Ler e reler. Confirmar certas coisas e principalmente não acrescentar nada, pois o todo é quase inacreditável, se não for totalmente inacreditável: Pedro Osório no Rio Grande do Sul.

Gilberto e Nilton Alan passavam férias no Rio e traziam as primeiras notícias da cidade de Pedro Osório: Santana, lavador de carros da pequena localidade de 15 mil habitantes, era meu fã incondicional, tinha todos os meu discos editados no Brasil e queria que eu fosse tocar na sua cidade.

A notícia me encheu de orgulho. O ego deu três cambalhotas e já ia dando o assunto por encerrado quando começaram os telefonemas. Primeiro foi o Pedro Caldas, escritor e poeta local. Tentava organizar uma viagem incluindo Porto Alegre, Pelotas, Rio Grande e Pedro Osório. Problemas menores, como falta de datas nos conservatórios, impediram a tentativa.

Isso foi em 1988. Em 1991, toca o telefone novamente. O operoso Santana contactou os conservatórios de Pelotas e Rio Grande, conseguiu passagens aéreas e fechamos o contrato em torno da bilheteria com preços populares. Lá fomos para bem perto do Uruguai, de Piratini, de Pedro Osório, da Lagoa dos Patos, de Santana, dos sonhos.

Os gaúchos se referem sempre aos negros e mulatos como "negrão", e, na expectativa, eu pensava que Santana fosse um preto retinto. Não era bem assim: mulato claro, alto, gingado, cabelo espevitado e despenteado no melhor estilo Nova York, barba marrom clara, quase ruiva, o famoso lavador de automóveis transmitia uma doçura e autenticidade surpreendentes.

Quinze anos antes, Santana era mendigo na pequena Pedro Osório. Talvez por isso trouxesse a marca desse passado em roupas agressivamente pobres. Como se dissesse a todos em volta: a pobreza não é vergonha, a pobreza não é indigna e, principalmente, a pobreza não tem por que ser inculta.

Seu amigo "Sombra", dono de um bar na cidade, arrancara literalmente Santana da situação de mendigo, convencendo-o a trabalhar num posto de gasolina. Hoje, o "Sombra" havia prosperado. Renegociava automóveis em Rio Grande, mas a solidez da sua amizade por Santana permanecia a mesma, apoiado por seu filho mais velho, o "Sombrinha". O apelido derivava de estar sempre em companhia de um mesmo amigo. Era a sombra de...

Os concertos em Rio Grande e Pelotas transcorreram dentro da generosidade e calor típicos dos gaúchos. O de Pelotas cresceu no envolvimento familiar e das velhas amizades. O Conservatório, todo voltado à memória de Milton de Lemos, contava com um número grande de entusiasmados professores e uma tradição forte de eventos musicais. Um clima perfeito para qualquer concertista, que é sempre castigado pela ausência de seu hábitat natural, do círculo de amigos e familiares, do lar, em suma.

No dia 4 de maio de 1991, toquei em Pedro Osório e não tenho dúvida nenhuma em inscrever essa apresentação na lista dos mais importantes concertos da minha vida: meu primeiro recital em 1962, em São Luís do Maranhão; um concerto em companhia de Rostropovitch e Yehudi Menuhin na Unesco, em Paris; outro no navio *Renaissance* com Jean-Pierre Rampal; no Petit Château de Maria Antonieta em Versailles; com Victoria de Los Angeles no Y, em Nova York. Esta citação, em nada modesta, é para, com toda sinceridade, dar o peso exato do inesquecível concerto gaúcho na minha memória. Santana conseguiu fazer da apresentação em Pedro Osório um momento de afeto, amizade, cultura, música e otimismo como raras vezes vivi em toda minha vida.

Encerrado o espetáculo, Santana, com apoio de fazendeiros e do clube local, ofereceu um churrasco para toda a cidade. Sendo uma comunidade extremamente pequena, Pedro Osório conseguiu o êxito de manter todos seus cidadãos num convívio democrático, harmonioso e cheio de humor.

Estavam ali todos os notáveis locais: desde o prefeito até o "Rei" da cidade. Este último, completamente compenetrado dentro do seu mundo de loucura e fantasia, com espada e coroa, o olhar perdido no horizonte, mas respeitosamente cuidado por seus "súditos".

O maior loroteiro do planeta também veio e confirmou, olhando no fundo dos meus olhos: que bom havia sido nosso encontro em Estocolmo – cidade onde nunca pus os pés. O anãozinho da cidade não pôde ir: suas estripulias surrealistas eram famosas no roteiro da comunidade. Uma delas: tomava banho no rio quando chegou um forasteiro e perguntou: "Chê, a água está funda aí?" O anão respondeu colocando as mãos na altura do pescoço: "Está batendo aqui." O turista mergulhou, arrebentou-se todo e quase matou o engraçadinho.

Os gaúchos possuem algumas palavras extraordinárias. Por exemplo, "barranquear uma égua": subir no barranco para penetrar o animal; "frestear uma janela": especialidade do mesmo anão da pequena cidade. Numa dessas, tiraram a escada obrigando-o a passar a noite no telhado. Uma noite gelada.

No superchurrasco, apareceu o irmão do Santana. Um tipo mais puxado para o europeu, tocando acordeon e, segundo me contaram, o bicheiro da cidade. Com ele, o gaúcho Aminthas, todo embombachado, armou serenata até de madrugada.

Mergulhado naquela festa, com tanta gente amiga em torno, eu perguntava: "Estou sonhando?", "Existe Pedro Osório?", "Não seria um filme surrealista tipo Fellini?". Nilton com a filharada, o Gilberto, esse campeão de riso e de bom humor, sua família seriam reais?

Não. Todos nós participamos do mundo mágico, generoso, utópico, paradisíaco de um iluminado chamado Santana. É, acho que foi mesmo um sonho.

Monte-Carlo

Uma estátua. Parada ali no meio do palco. Uma estátua de Rodin: *O pensador*. Na escuridão da platéia da Ópera de Monte-Carlo eu estava completamente oculto. Sentei-me silenciosamente na confortável poltrona e fiquei admirando. Que coisa estranha! Não conseguia tirar os olhos daquele personagem, sentado na única cadeira no centro do palco friamente iluminado. E por que ele não se movia? Estava meditando? Seria alguma forma de exercício, tanta imobilidade?

Eu chegara muito cedo para um ensaio com a Orquestra Nacional da Ópera de Monte-Carlo. Meu amigo Juan Giuliano, primeiro bailarino da Opéra Comique, me convidara para tocar a *Fantasia para um gentilhombre*, de Joaquin Rodrigo, que ele havia coreografado para atuar como solista na temporada de 67. Preparávamos uma noite de gala em homenagem a "Suas Altezas Sereníssimas": o príncipe Rainier III e a princesa Grace, de Mônaco.

De repente, o ser-estátua levanta-se e caminha resoluto para o fundo do palco, aí desaparecendo. Aos poucos foram chegando os músicos e logo ensaiávamos sob a direção de André Presser e a supervisão atenta de Juan Giuliano.

Terminado o ensaio, comento com Giuliano o encontro com o enigmático pensador e seu fabuloso magnetismo. Meu amigo morre de rir, e me pergunta:

— Você sabe qual é o resto do programa?

— ...

— *La Silphide...* e sabe com quem?

— ...

— Rudolf Nureyev, o maior bailarino de todos os tempos, é o solista. Foi ele que você viu...

O maestro

Eleazar de Carvalho. Eu não acreditava em meus olhos! O pianista argentino corria entre os carros no estacionamento do hotel em Campos do Jordão. E atrás dele, ameaçadoramente, os punhos fechados relembrando os tempos de fuzileiro naval, o maior regente do Brasil e um dos maiores do mundo: Eleazar, o fidalgo, Eleazar, o quixotesco, Eleazar, o inesquecível.

— Calma, maestro, deixa o homem ir embora — entrei, junto com outras pessoas que estavam no hall do hotel, na turma do "deixa-disso".

Eleazar, furibundo — mas com um brilho de ironia e sarcasmo nos olhos —, explicava:

— Preparei o piano do Festival de Campos do Jordão para nossos maiores pianistas. Afinado, tinindo. E ontem, num programa de música contemporânea, este cidadão simplesmente andou em cima das cordas.

— Mas Maestro, se acalme, não vale a pena...

— Vale, sim. Eu falei polidamente com ele mas fui desacatado. Ah, se eu pego o cidadão...

Verdade. Eu vi, eu assisti: Eleazar chegava com uma pilha de músicas sob o braço. Aproximou-se do pianista e reclamou dos maus-tratos ao piano. A resposta foi ríspida e arrogante. Eleazar, calmamente, depositou suas partituras sobre uma mesa e, quando o argentino percebeu, o mundo ruía a seus pés. Só deu tempo de partir na correria para o pátio dos automóveis.

— A senhora não conhece Turibio Santos?

A violonista austríaca, olhou com espanto para o maestro. O tom subiu mais um pouco e todos os circunstantes passaram a ser atores num cenário do Eleazar.

— A senhora não conhece Turibio Santos?

O coquetel organizado pelo consulado da Áustria foi subitamente congelado. A pobre violonista que se apresentara num recital de música de câmara no Festival de Campos do Jordão, atônita, não sabia o que fazer. A voz tonitruante invadiu o ambiente completamente, com seu poder ilimitado.

— A senhora não conhece Turibio Santos?

Gentilmente, Sônia, esposa de Eleazar, passa-lhe o braço com um sorriso e leva o agitado maestro para o outro lado da sala. Os dois se afastam, ela, quase às gargalhadas, ele, com seu olhar irônico que penetra na alma das pessoas, que desmonta qualquer farsa ungida pela hipocrisia ou pela inveja.

— Cavalheiro, dois ovos!

— Como, senhor?

— Três ovos!

— Mas, senhor...

— Quatro ovos!

Quando a conta atingiu oito ovos, o garçom não comentou mais nada. Reconheceu a derrota e mergulhou na direção da cozinha para atender a comanda.

Foi no Rio? São Paulo? Não. Foi em Nova York.

Fernando Faro me convida para tocar no Museu da Imagem e do Som em São Paulo. No final da apresentação organizaram uma noite de autógrafos com meus últimos CDs. Já no apagar das luzes, amparado por Sônia, chega Eleazar. Não nos víamos há um certo tempo e aquela visita foi uma das maiores homenagens que já recebi na vida.

Eleazar, já em plena luta com a enfermidade, vinha ali dar o abraço da amizade. Alegou ter vindo buscar uma assinatura para um recibo do Festival de Itu. Olho para aqueles olhos tão familiares. Irônicos, eles me dizem: é conversa fiada!

Depois, saímos para jantar; Leandro Carvalho, jovem talento do violão em São Paulo e filho de Joacir Carvalho, grande amigo do maestro, vem conosco. Infelizmente coube a estes amigos me avisarem, um ano depois, que Eleazar vivia seus últimos dias em um grande hospital de São Paulo.

Como ia tocar em Quito, interrompi a viagem na capital paulista para ver meu amigo. Encontrei-o sofrendo, castigado pela doença, com lágrimas nos olhos de nos reencontrarmos.

Lembrei-me de Eleazar à frente da orquestra. O ensaio pára subitamente. Ele retira um lenço do bolso e dirige-se ao oboé.

— Cavalheiro, quando eu bocejo uso meu lenço, assim...

A orquestra explode em risos.

Estou com minha mãe no Theatro Municipal do Rio de Janeiro: "Concertos para a Juventude". Talvez tivesse uns oito anos. De repente o maestro pára a orquestra. Retira um lenço do bolso. Silêncio sepulcral.

— Quem quiser tossir que tussa assim.

E silenciosamente ensina a matéria na qual sempre foi magistral: o respeito à música e, por conseqüência, ao próximo.

Saio destas lembranças e volto ao hospital. É hora de partir. Pressinto a terrível despedida. O olho do enfermo recupera a antiga lucidez. E a voz, combalida, me anuncia triunfante:

— Cavalheiro, ainda nos encontraremos.

Um homem de coragem

Mtislav Rostropovich tocava lentamente a Suíte de Bach. Exatamente como os professores recomendam aos alunos, embora muitas vezes não sigam o próprio receituário. O som maravilhoso, as notas nascendo e desaparecendo devagarzinho como se saíssem direto da alma daquele homem, naquele exato dia, tão sofrido, tão machucado.

Ao meu lado – depois de um período de internamento obrigatório no seus país por expressar livremente suas idéias –, Rostropovich voltava a se apresentar no Ocidente, e Deus me colocara ali, naquele camarim, testemunha acidental e espantada de tanta emoção. Eu acabara de fazer uma longa turnê na URSS. Um mês inteiro de concertos recolhendo experiências inéditas. Algumas lindas, outras patéticas e muitas ridículas.

Quando cheguei a Moscou, espantou-me a quantidade de papeizinhos para provar que eu existia, que era inocente e que me curvava docilmente aos rituais mais estúpidos da burocracia. No grande hotel Mockba recebia um papelzinho na entrada contra a entrega do meu passaporte. Subia no elevador até o andar indicado no papelzinho. Aí, trocava-o com a camareira pela chave do quarto. Tinha pesadelos com os papeizinhos!

O intérprete, um jovem russo que deveria falar espanhol comigo, mas nunca dispensou o inglês, dava-me explicações patrióticas e totalmente irracionais sobre a burocracia, a política e a vida em geral. Ouvia coisas do gênero:

— Os jovens heróis soviéticos estão sendo assassinados pela cachorrada reacionária chinesa, na fronteira dos dois países.

Um dia, já na segunda semana da turnê, cansei.

— Amizade, no Brasil o partido comunista já dispensou há mais de vinte anos essa linguagem ridícula que você usa. Então, vê se pára com a catequese e se toca que minha paciência acabou.

Nossa relação imediatamente melhorou. Passou a confidenciar-me as falhas do regime e fazer críticas contra o sistema comunista no seu lado burocrático. Algumas situações eu mesmo pude constatar: chegávamos nos restaurantes – sempre em ótimos hotéis – e nunca havia mesa disponível. Aquela situação me intrigava, pois também não havia fila de espera. Decidi inverter nossa tática: em vez do intérprete pedir a mesa em russo, eu o fazia em inglês. A mudança era mágica, e imediatamente havia uma mesa disponível.

Metade do meu cachê era em dólares a serem pagos no final da viagem. A outra metade era em rublos, que iam me empanturrando os bolsos de notas pequenas. Até que decidi pedir a um dos tesoureiros de um teatro se era possível trocar minhas notas pequenas por outras de maior valor. Para quê? O homem me olhou espantado, levantou o telefone e parlamentou minutos com algum superior. Atrás dele, estava aberto o cofre do teatro e eu podia ver as cobiçadas notas altas. Depois de alguns momentos, ele pousa o telefone e, triunfal, me anuncia vitorioso: NIET!

Um dia, em Vorochilovgrad, acabou meu xampu. Perguntei ao intérprete se era possível comprar outro, naquele fim de mundo. Indignado, o pobre garoto saiu comigo e nas farmácias a resposta era sempre a mesma: NIET. Bastava observar o cabelo de todos...

Apesar desses fiascos materiais, aprendi a amar os russos, principalmente naquilo que eles têm de mais parecido com os brasileiros: um grande coração. Durante a turnê, algumas vezes pernoitamos em casas particulares atravessando a noite com farras memoráveis e ligeiramente conspiratórias.

Quando Gilberto Freyre compara o Brasil à Rússia está muito próximo da verdade, no que toca aos sentimentos. Tudo é grandiloqüente, expressivo, apaixonado, fervoroso e... burocrático.

O violoncelo de Rostropovich me traz de volta à Unesco. É o concerto de criação dos "Fonds d'Entreaide Musicale", uma reserva de bolsas de estudos e financiamento para jovens músicos do mundo inteiro. O líder do movimento é Yehudi Menuhin. No concerto inaugural tocarão ele mesmo, Rostropovich, Emana Sastri e eu. A emoção e a responsabilidade são infinitas.

Yehudi Menuhin era uma pessoa extremamente doce. Toquei em seu festival na Suíça, em Gstaad. Ali, ele me mostrou seu retrato feito por Portinari, provavelmente na sua primeira visita ao Brasil.

Tocamos juntos, numa pequena capela, um repertório centrado em Paganini, com originais para violino e violão. Mais tarde fizemos nova apresentação em um dos programas mais célebres da TV francesa, em torno de sua vida. A simpatia e comunicabilidade de Rostropovitch nos encantam. A imprensa também. Mas sua saída ainda está cercada de censura e ele não pode se manifestar claramente. Dizer a verdade já lhe custara uma parte de sua liberdade.

Quatorze anos depois esse episódio parece esquecido, o mundo transformado, a URSS não existe mais, Rostropovitch vive nos EUA, rege e toca no mundo inteiro. Mas fica o seu exemplo de que a coragem de buscar a verdade e denunciar a mentira sempre vale a pena. Mesmo que, algumas vezes, custe a vida de quem o faz.

Colégio Pedro II

Colégio Pedro II. Avenida Marechal Floriano. Subo a bela escadaria, mármore e ferro, revejo os grandes espaços cobertos de madeiras trabalhadas e compreendo como ficou encravado no meu coração o famoso exame de admissão em 1953.

Entro na sala da diretoria e me deparo com uma senhora sorridente. O mesmo sorriso de minha professora do primário, Maria Eliza Freitas Lima, a mesma candura enérgica, algo quase celestial. Era a professora Elza Costa Lima Wyllie que já saudava minha presença: "Que bom que você veio tocar para nós e participar da festa!"

O Colégio Pedro II organizou no dia 29 de setembro de 1999 um evento especial: "Revivendo Villa-Lobos", com a participação de alunos, ex-alunos e futuros alunos: um momento privilegiado de emoções para o qual fui convidado e aceitei com muita alegria.

Na sala da diretora, conheço a professora Vera Maria Ferreira Rodrigues e a empatia se estabelece imediatamente. Coisa de ex-aluno. Ela vai buscar no fundo da memória nomes de colegas para situarmos nossa passagem pelo colégio. Nessa procura lembra-se de um álbum, enviado da Suíça por uma professora de francês aposentada, que teve o carinho e o cuidado de fichar todos os alunos para melhor acompanhá-los. O passado voltava a toda velocidade. Os rostos, quase infantis, iam desfilando, e com eles inúmeras lembranças de bons momentos, estripulias, muito sonho, muita sede de viver.

Nesse momento, chega a professora Helena Godoy. Personalidade carismática, pedrosegundense fanática e muito querida por todos seus alunos e ex-alunos. Sua beleza, que nos encantava, permanece. Evidentemente a alegria de viver ganhara a batalha contra a idade.

Enquanto vão chegando os ex-professores e ex-alunos, e a festa entra nos preparativos finais, vamos vendo o álbum juntos. O semblante de Helena se entristece. Entre os alunos, ela reconhece alguns que foram torturados ou desapareceram durante os anos de chumbo. Aquele álbum, do Colégio Pedro II, da professora de francês aposentada que casou-se com um suíço, nos trazia de repente o impacto da violência humana bem no meio da festa.

A professora Elza convoca a todos. Vamos para o grande salão de leitura e me dá a sensação de que Heitor Villa-Lobos está ali, escondido, rindo, feliz de ver os corais executando "A canoa virou", "Peixe vivo", "Sambalelê" e "Canto do Pajé" sob o comando vigoroso da regente Maria Cristina Nascimento. Jovens pianistas, flautistas, violonistas tocam no evento.

Já não tenho a menor dúvida: é verdade, Villa-Lobos está ali. Compreendo naquele instante que chegando ao Colégio Pedro II, na Unidade Humaitá em 1954, pelas mãos afetuosas da professora Maria Eliza Freitas Lima, eu estava na realidade entrando num universo de valores definitivos, estáveis, de um Brasil maior, constituído por gente como Heitor Villa-Lobos, como bem descreveu o professor Wilson Choeri no discurso de encerramento da festa.

Depois cantamos todos o hino do Colégio (eu fingindo, porque nunca soube a letra de cor). Só não havia fingimento naquela dor no peito.

Fico lembrando de Antonio Guedes Barbosa, André Solti, Alexandre Addor Neto, Marcos Flaksman, Cecil Thiré, Luciano Zadjznader, Paraguassú, Mauro Lobo, Luís Carlos Sá Carvalho, Vassyles, João Batista, Adelino, Carlos Henrique, Menezes Cortes, Barata, Celso, e a memória vai me traindo devagarzinho. No apagar das luzes, ainda aparecem alguns professores: Taunay, Villanova, Dyla, Goston, Ayrton, "Caveirinha", os inspetores Ismael, Severino.

O pano desce rápido: a saudade é muito grande.

O chaveiro

Rue des Morillons, en face des Objets Perdus, ou Trouvés, comme vous voulez. Era nosso endereço em Paris em 1972.

Ricardo, meu filho, tinha dois anos de idade. Provavelmente traumatizado com tantas idas e vindas ao Brasil, ele desenvolveu uma aptidão para fugir do apartamento sempre que possível. Talvez procurasse inconscientemente os avós, os primos, calor, praia, tudo do que era brutalmente privado a cada retorno nosso para a cidade-luz.

Para espanto geral, num dia bem triste e chuvoso, a concierge toca a campainha e traz nosso herói-fujão com sua carinha bem marota. Pedi muitas desculpas por aquela escapada, devido a um problema na fechadura da porta de entrada do apartamento, e perguntei à porteira onde poderia encontrar um chaveiro. Atentamente, ela indicou-me um endereço e parti para resolver o problema inadiável.

O chaveiro, como muitos pequenos artesãos típicos de Paris, era uma portinha só. Um senhor muito idoso, lúcido e enérgico, reinava dentro daquele pequeno espaço.

— Lamento muito, mas não posso atendê-lo.

— Mas por quê? Trata-se de uma emergência. Minha porta nem sequer fecha, a lingüeta ficou emperrada para fora.

— Vá procurar outro chaveiro.

Contei para ele sobre a escapulida do meu filho de dois anos. Expliquei que ia me ausentar à tarde, que seria extremamente difícil para a mãe controlar aquela situação. Com muitos resmungos, o velhinho passou a mão na caixa de ferramentas, fechou sua portinhola e me acompanhou ao 116, rue des Morillons. Quando chegamos, deixei-o trabalhando. Sandra, minha esposa, saiu para compras e fiquei brincando com Ricardinho e seu ukelelê, promessa de um futuro violão.

A paz não durou muito. Ouvi uns soluços, a princípio calmos e depois desesperados, vindos da porta de entrada. Deparei-me com o velhinho aos prantos, imobilizado, no hall do apartamento. Delicadamente procurei atendê-lo e levei-o para a cozinha. Com um copo d'água, algumas palavras de reconforto, a mão sobre o ombro, fiquei imaginando o que teria provocado aquela crise. Talvez ele estivesse de luto por alguém daquele prédio? Talvez um parente ou uma esposa falecida no passado?

Aos poucos o velhinho foi se recompondo. Respirou fundo, bebeu água e pediu desculpas. Desde a Segunda Guerra Mundial, ele não voltava àquele prédio e ia me explicar agora, já que eu assistira a sua reação, o que havia acontecido.

— Na Primeira Guerra Mundial, eu fui combatente e recebi muitas condecorações no final da guerra. Quando a França foi invadida, em 1940, já estava muito idoso para o exército regular, mas ainda assim entrei para a Resistência. Virei um *maquisard*.

— Provavelmente está aí o seu problema com este prédio.

— É isso mesmo. No 6º andar, onde estão os quartos de empregados, instalei uma rádio clandestina, de emissão e recepção para a Resistência. Tinha muito medo, mas a certeza de estar libertando o país me ajudava. Um dia a SS apareceu e fui preso. Me mandaram para um campo de concentração já com a sentença de morte declarada. Sofri o que o senhor não pode imaginar.

Fez-se um silêncio enorme. O velhinho bebeu mais água e respirou fundo, como se não tivesse a menor dúvida de que aquele era o momento de exorcizar velhos fantasmas.

— O senhor quando me vê hoje, não consegue imaginar como eu era forte. No campo de concentração, não morri por causa disso. Passei as mais cruéis torturas, algumas com o propósito sádico de provocar a morte por sofrimento. O senhor sabe o que é ser imerso numa banheira cheia de gelo? Ser conduzido todo dia nu para um fuzilamento? Passar fome, sede, frio e, se reclamar, apanhar de régua de madeira?

Naquele momento, o fujão do Ricardinho, estranhando minha ausência, abandonou seu ukelelê e veio atrás do pai. Coloquei-o no colo e expliquei que aquele velho senhor era um herói de guerra e estava contando um pouco da sua vida. Vendo meu filho, o chaveiro foi trazido de volta a Paris de hoje, mas continuou no tom de desabafo:

— O senhor sabe quem me entregou à SS? Foram os próprios franceses. Foram pessoas que ainda vejo circulando pelas ruas nos dias de hoje. Este bairro está cheio de gente que atirava nos americanos, entricheirados em suas janelas, quando eles libertavam Paris. Quando cruzo com essa gente, no dia-a-dia, a palavra "pátria" perde o sentido. Perde completamente o sentido!

Com essas palavras doloridas, o velhinho deu por encerrada sua confissão. Dirigiu-se à porta, terminou o trabalho e recebeu seu pagamento. Nos despedimos, ambos com a certeza de termos vivido um momento muito especial. Ele, descarregando a dor ligada a um endereço, e eu, com a obrigação de carregar essa lembrança para o resto da vida.

Ainda fui à janela vê-lo se afastando pela rue des Morillons. Com ele ia uma parte da cidade-luz, um pedaço da França que me acolhia, generosa, como músico. No entanto, fiquei com uma certeza: se a famigerada quinta-coluna francesa ainda circulava nas ruas de Paris, a liberdade também vinha me contar suas aventuras e desventuras, no portal da minha casa.

DC-3, era uma vez

As árvores passam raspando. O avião, um Bandeirante, corcoveia e range ferozmente tentando escapar da tempestade. Os poucos passageiros são obrigados a segurar as poltronas ou o teto para compensar o bailado destemperado da máquina voadora.

Em baixo, a cidade de Lajes está praticamente destruída pela tempestade. Quando penso que deixamos Florianópolis com um céu cristalino, chego a não acreditar. Mas não tem solução: agora é a chamada "hora da verdade". Penso nas prestações em dia do apartamento e procuro me visualizar. Saio de mim. É preciso morrer com dignidade. Sem gritos, sem desespero, sem histeria. No entanto, tenho certeza de que estou lívido, olhos espantados e talvez não consiga nem gritar por medo.

O avião dá uma súbita empinada na vertical, para cima. Como se o piloto fosse buscar, no centro da tempestade, a salvação. Ela estava lá. Ele sobe desesperadamente aproveitando a janela azul no meio da tormenta.

Meia hora depois, já na pista de terra da Sadia, em Concórdia, o comandante sai triunfante da cabine.

— Ventos de 104km por hora...

O trijato 727 da Air France padece sobre o canal da Mancha. Infelizmente minha situação no avião é das piores. Estou sentado bem no final da aeronave, onde ela mais joga, mais range e mais tortura. A uma cadeira saltada da minha, um passageiro esfrega as mãos, com ostensiva preocupação. Talvez não tenha o hábito de viajar. Ele está pálido, o rosto completamente transfigurado.

Vamos num crescendo ininterrupto de sacolejões quando, subitamente, o avião mergulha num processo radical. As pessoas gritam, urram. O passageiro ao meu lado virou estátua enterrado na poltrona. Olho para frente e me lembro da descida de uma montanha russa. Só que ali o vozerio é de desespero, e não de alegria.

Depois de segundos que duram séculos, o aparelho, trepidando muito, retoma sua luta normal contra a tempestade. Para comemorar, ofereço um cigarro ao meu trêmulo parceiro de infortúnio. Grato, ele me pergunta o que faço, de onde venho, o que vou fazer em Londres. Eu retribuo perguntando qual a sua ocupação. A resposta vem hesitante:

— Há poucos minutos, quando mergulhamos, o piloto estava tentando tirar o avião de uma situação-limite para a estrutura do aparelho. Por isso fiquei tão nervoso.

Ele era piloto da BOAC.

Estamos sobrevoando São Paulo. Um dia magnífico, um entardecer melhor ainda. O sol está na nossa frente perto da linha do horizonte.

Sentado do lado esquerdo do avião, observo o comissário ler sua ladainha enfandonha sobre a chegada, quando, instantaneamente, o avião sofre uma guinada do lado onde eu me encontrava. Tão violenta que pensei estar sonhando quando vi um Bandeirante passar sobre a asa do nosso aparelho, um Boeing 737.

O pobre comissário foi arremessado contra a porta do avião e foi muita sorte não ter havido vítimas. Os poucos passageiros já estavam afivelados no momento da perigosa manobra. Na chegada ao Rio, pergunto ao comandante o que acontecera em São Paulo.

— Fomos salvos por ele, indicando o co-piloto. O sol na nossa frente tirava a visibilidade e nos orientávamos pela torre. Mas ela errou e colocou-nos de frente com o Bandeirante.

O co-piloto completa a explicação:

— Tive um pressentimento de que algo vinha em nossa direção e tirei o avião como pude. Teríamos virado farinha. Foi Deus que ajudou.

Leonora lê minha mão. Amiga da família, famosa por um sem-número de tentativas de suicídio, está ali, fazendo o que mais gosta: prever o futuro.

Não sou um bom cliente. Totalmente cético, debochado, e mesmo ausente. O que não me impede de memorizar a predição:

— Amanhã você vai viajar, terá um grande atraso na partida e um forte aborrecimento na chegada.

Sarcástico, duvido:

— Leonora, minha mãe já disse a você que toco em Pernambuco amanhã, não disse?

— Não sabia de nada, juro a você. Olho nessa viagem!

No dia seguinte, em vez de embarcar nove da manhã, só às três da tarde tomo assento no avião para a decolagem.

Penso com meus botões: "Dois a zero para Leonora."

Já chegando em Recife, aprecio a paisagem. Um céu de brigadeiro, azul intenso, nenhuma nuvem. O Boeing 737 parece deslizar no céu, lentamente, calmamente. Tão calmamente que o silêncio e a paz tornam-se ameaçadores. Os passageiros se interrogam: por que tantas voltas com um céu tão claro?

A porta da cabine se abre. O co-piloto nervosamente pergunta ao comissário onde está uma certa escotilha. O rapaz visivelmente ansioso, indica o local. Bem ao lado da minha poltrona, retiram o tapete e aparece uma janelinha de vidro, feita provavelmente para observar o... trem de aterrissagem!

O problema fica claro para os poucos passageiros do vôo e eu amaldiçôo Leonora: "Três a zero. Espero que não tenhamos mais contrariedades."

Observo o co-piloto. Suas mãos tremem. Caramba, suas mãos tremem!!! Nervosamente ele faz sinal para o comandante que o interroga, no comando do avião, pela porta aberta da cabine. Seus sinais são negativos: polegar para baixo repetidas vezes. Polegar trêmulo!

De repente, a luz natural ilumina a janelinha. O trem de aterrissagem baixou. Nosso herói dá sinais efusivos de polegar para o alto, mas o medo já esta lançado no coração dos passageiros: se o co-piloto pousar o avião, ninguém escapa!

O avião aproxima-se da pista e desliza sobre ela com a leveza de um pluma ou de uma carícia nas costas da mulher amada. Os passageiros aplaudem. Eu agradeço a Leonora ter previsto somente três eventos, e mudado minha cabeça para sempre sobre profecias e pitonisas.

Yo no creo, pero que las hay las hay!

O avião faz uma grande curva e o sol, refletido na asa, bate no meu rosto. Vamos aterrissar em São Luís do Maranhão. O avião é um DC-3 e eu tenho oito anos de idade. Meu pai está feliz em rever sua terra, aliás, nossa terra natal.

Saímos de Parnaíba, onde pernoitamos. De madrugada, os peões laçam as hélices do DC-3 e dão a partida. O motor bufa por todos os lados, soltando uma nuvem cinzenta de fumaça e depois responde, resfolegante, mas com firmeza.

O DC-3 corre pela pista e lentamente decola, bem próximo da copa das árvores. Pela janela vão desfilando as casas pobres e as ruas de terra. As pessoas olham para cima e dão adeus. A floresta vai se adensando e logo se fecha no seu mistério. Meu interesse é imediatamente atraído pelo comissário que começa a distribuir caixinhas de plástico com os lanchinhos. Lá fora, agora, é o mar infinito.

Eu andava no DC-3 desde os três anos de idade. E quando digo andava, em vez de voava, refiro-me ao prazer infinito para uma criança: circular naquele avião que me parecia enorme mas tão familiar. Em nenhum momento perdia-se a intimidade com a terra como nos aviões modernos. Você via as árvores, os pássaros, os bichos no campo, o sol refletido na água. Você era um espectador privilegiado da superfície terrestre.

Agora estou no aterro do Flamengo. Levo Ricardo e Manuela para conhecerem o DC-3 que está imobilizado num parque infantil. Na realidade estou mais excitado do que eles para entrar no avião. Ricardo e Manuela têm a idade perfeita para o DC-3. Seis anos ela, oito anos ele. E eu? Trinta e seis anos.

O DC-3 aparece no seu tamanho real. Pequenino, apertadinho. O culpado sou eu que cresci. O avião continua do tamanho que sempre teve. Um idoso senhor maravilhoso dos ares, que encantou milhares de crianças com sua vibração, sua intimidade com as nuvens, sua maneira simples de deixar a terra e a ela retornar.

Desço do avião com um aperto no coração. Descubro de repente que estou no meio da vida e que sou mortal. Os sonhos vão se desfazendo e, como nas ondas, é preciso curtir a espuma deles. Só pode ser a melhor parte, pois nos pertence totalmente. Como esse querido DC-3 que escorrega da Praia do Flamengo para o aterro da memória, e aí se perpetua, como se girasse sempre em torno do sol, para a criança que já fui.

Ode às mãos

Às vezes me espanta a capacidade quase mágica das nossas mãos. Quando elas passeiam no instrumento, já não são mais controláveis. Passam a ser criadoras, atletas, musas, fadas, guerreiras. Inspiram. E o instrumento não precisa ser necessariamente musical, violão, violoncelo, violino ou piano. Pode ser o teclado do computador de onde brota o romance, a caneta veloz cobrindo o branco do papel, pode ser o bisturi, o volante, ou o mais completo de todos os instrumentos: o corpo humano.

As mãos passeiam no corpo da pessoa amada e criam vida. Descobrem caminhos, revelam emoções e delicadamente nos ensinam coisas que não sabíamos. Nós ensinamos as mãos a fazerem muito. Mas subitamente são elas que estão nos ensinando.

Um dos gestos mais rápidos que o ser humano é capaz de realizar é justamente o de recolher as mãos para salvá-las. Experimente imaginar o bote de uma serpente sobre suas mãos e recolha-as. A velocidade de recuo é espantosa.

Infelizmente, mãos destroem, matam e são capazes das piores vilanias: "A mão que afaga é a mesma que apedreja", como dizia Augusto dos Anjos. Mas, às vezes, desconfio que todas as mãos são feitas para afagar e construir. As que destroem são instrumentos provisórios do mal, na sua permanente tentativa de se fazer eterno. As mãos de um violonista são totalmente diferentes uma da outra. A esquerda tem um trabalho árduo, apertando e deslizando sobre as cordas. A direita, tarefas quase microscópicas, criando efeitos miniaturizados que dependem muito das unhas. Isto faz com que a esquerda tenha um aspecto mais másculo e a direita uma aparência feminina, até mesmo por causa das unhas.

Meu amigo Oscar Cáceres e eu nos acostumamos a dialogar usando o português, eu, e o espanhol, ele. As pessoas sempre se espantavam com aquela conversa em diagonal, que para um francês, inglês ou alemão era completamente surrealista.

Um dia, no metrô de Paris, apinhado, discutíamos os formatos de nossas unhas. As minhas, curtas e triangulares, as dele, enormes, longas e curvas. Comparávamos as mãos e, para isso, éramos obrigados a empalmar a mão um do outro. De repente, percebo. Estávamos dando um "show" completo. Dois marmanjos comparando suas unhas e, ainda por cima, num dialeto incompreensível para aqueles franceses voltando do trabalho..

Muitas vezes na vida, as mãos me deram o sinal de perigo. Um ligeiro tremor significava: "Está bebendo muito"; um cansaço inexplicável: "Está havendo uma falha técnica"; um frio permanente nos dedos: "É melhor abandonar o cigarro".

Nestes dias, próximos dos sessenta anos, observo como a mão direita tem pouca massa muscular no seu lado direito. Provavelmente fruto da má utilização do auricular (o mínimo) no violão clássico, ou talvez até fruto da própria posição, ligeiramente fora do eixo central do corpo, inclinada para o lado esquerdo.

Numa noite memorável, Rafael Rabelo, me chamou para conhecer dois gigantes do violão: Guinga e Paco de Lucia. Tocamos uns para os outros e ficou-me na memória, na realidade, um encontro amistoso e forte de oito mãos. Rafael Rabelo tinha dedos poderosos, ágeis, curtos e de mesmo comprimento; Guinga, mãos finas, dedos longos, que igualmente executavam seus trabalhos de dentista; Paco de Lucia, brancas, belas e musculosas mãos, que fizeram bailar e cantar tantos talentos espanhóis.

Falamos de unhas, de posições para tocar, de visões do violão e nos deixamos num ambiente de fraterna amizade. Tínhamos provocado o convívio do violão flamenco, do clássico e do popular, e eu, pessoalmente, saí enriquecido com a amizade e talento de Guinga e a sapiência sensacional de Paco de Lucia.

Sem ir adiante, retorno aos meus doze anos de idade e revejo as mãos fabulosas de Andrès Segovia, num documentário americano exibido no consulado dos EUA no Rio. Ele tocava as *Variações sobre um tema de Mozart*, de Fernando Sor, e o Alegretto da Sonatina de Federico Moreno Torroba.

As mãos estrelavam o documentário na sua posse total do instrumento. Acariciavam-no sem parar, mas também eram provocativas, agressivas e insinuantes. No dia em que assisti a esse documen-

• 70 •

tário, conheci aquele que seria meu professor alguns meses mais tarde: Antonio Rebello.

Antonio Rebello foi, antes de tudo, um ser humano exemplar. Um homem que deformara suas mãos dando duro num açougue de Copacabana (na rua Bolívar esquina com Nossa Senhora de Copacabana) e, agora, para nossa felicidade, aposentado, transmitia os conhecimentos acumulados por aqueles dedos duros, sofridos, torcidos pelo reumatismo.

As belas mãos de seu aluno veterano, Jodacil Damaceno, provocavam inveja em todos nós. Assim como as mãos de Nicanor Teixeira, aluno de Dilermando Reis, percorrendo o violão de alto a baixo em vertiginosos arpejos, verdadeiros abismos para a mão direita.

As mãos imporiam ao Nicanor um castigo terrível. Seu dedo médio direito, no auge do lançamento de sua carreira como grande violonista, começou a desequilibrar o conjunto técnico e a não obedecer aos comandos do grande artista. Isso significou, durante muitos anos, uma barreira quase instransponível na música para o jovem baiano. No entanto, sua força de vontade levou-o a dedicar-se de corpo e alma à composição. Nas décadas de 70 e 80 gravei, toquei e editei suas músicas na França.

Nos dias de hoje, Nicanor foi consagrado num projeto criado por Bartolomeu Wiese e Affonso Machado: um CD com vinte e oito violonistas tocando suas obras. Aos setenta e três anos reencontrei em Nicanor o sorriso dos seus vinte anos. Um outro projeto, com produção minha, prevê a execução integral de sua obra por Maria Haro, uma tremenda violonista.

Estudando com Antonio Rebello, assisti ao aparecimento de outras mãos mágicas no mundo do violão. Seus netos, Sérgio e Eduardo Abreu, apresentaram um talento precoce para o instrumento. Eram mãos surpreendentes, e a velhice de Antonio Rebello foi coroada pelo desabrochar dos novos talentos e pelo duo fora de série por eles constituído.

Anos depois, quarenta provavelmente, as mãos de Sérgio esculpem excelentes violões e Eduardo, fora do Brasil, projeta navios. Mas o duo permanece, com sua arte apolínea, na nossa memória e felizmente em registros fonográficos conhecidos mundialmente.

Por respeito instintivo às mãos, nunca impus nenhum tipo de técnica formalizante para nenhum aluno meu. Preferi sempre o trabalho lento de compreender aquelas mãos, que vinham confiantemente me procurar, e, então, modificá-las naquilo que me parecia óbvio para o próprio benefício delas. Sempre tive uma técnica volúvel e extremamente camaleônica. Por isso, nunca me atrevi a determinar esta ou aquela solução mecânica como universal para todos.

Graças a essa atitude, aprendi com os alunos, talvez, muito mais do que eles aprenderam comigo. Penso imediatamente em Francisco Frias (o Bolinha), querido parceiro do violão. Observando a evolução técnica de cada um, suas conseqüências no desempenho musical, fui assimilando um sem número de fabulosas experiências, que acabei utilizando em meu próprio benefício. E sou grato a todos eles, pois me proporcionam um envelhecimento feliz como concertista e como professor.

Às vezes, visualizo mais facilmente as mãos e suas dinâmicas que os rostos de muitos desses alunos. Nas orquestras de violões que organizei, um dos meus maiores prazeres era observar aquela quantidade enorme de mãos, representando igualmente toda a diversidade fabulosa de caracteres e personalidades ali presentes, num esforço para obter um resultado comum em benefício de todos.

E quando morremos? Os olhos já não brilham, estão fechados. A voz silenciou e o rosto mal lembra quem fomos. No entanto, as mãos... As mãos estão lá, na frente do corpo, como testemunhas irrefutáveis de tudo que fizemos, de tudo que fomos. E estão lá, como numa despedida, às vezes com flores, às vezes com um violão.

Naqueles dias, o velório ainda era possível no cemitério São João Batista, em Botafogo. Ninguém, na década de 70, poderia supor que anos depois as pessoas teriam de abandonar seus mortos, na última solidão, devido a assaltos e violências.

E assim, na paz, transcorria o velório do querido Carlinhos. Boêmio inveterado, personagem imbricado nas noites do Rio de Janeiro, do Largo do Boticário ao restaurante Lamas, ele era um cidadão querido, cultivado, idolatrado. Ali, ao lado do caixão, ouvíamos aquele monólogo surrealista de um de seus amigos, em total estado de embriaguez:

— Mas Carlinhos, que palhaçada é essa? Como é que você faz isso com a gente?

— ...

— Carlinhos, você é um afobado, ainda não é hora de partir!

— ...

— Carlinhos, puta merda, esqueceu das nossas farras? A gente na boléia do caminhão, sem o motorista saber? E quando fechamos o puteiro?

As pessoas assistiam ao monológo entre tristes e divertidas, mas certas de que aquele era um verdadeiro amigo. Suas mãos entrelaçavam as do Carlinhos com força, sacudindo o corpo. Era a despedida, o adeus.

O desfile de boêmios continuou noite afora. Ali quase se reproduziu o enterro de Quincas Berro d'Água, de Jorge Amado. Num certo momento desfilaram todos os garçons do Café Lamas, que naquela madrugada fechara cedo.

Irmã e sobrinha se sentam, cada uma de um lado do caixão. E de cada lado apóiam suas cabeças no esquife e choram baixinho. De repente um grito. A tia, pensando afagar a mão do falecido, segurava a mão da sobrinha imóvel. Quando esta se moveu o susto foi tremendo.

Novamente nossas mãos nos pregando peças, mas com certeza aliviando as dores das perdas e despedidas.

Mas quando a alvorada da vida toca, como somos recebidos? Com as mãos. Na maioria das vezes anônimas, esquecidas, mas simbolicamente nosso primeiro contato com o mundo exterior.

No balé extraordinário da vida, nas castanholas flamencas, nas oferendas clássicas, nas grandes orquestras, nos grandes regentes, as mãos vão, metaforicamente, contando nossas vidas, nossos amores, ilusões, paixões. E juntam-se carismaticamente na devoção religiosa, e se contraem com força no embate amoroso.

No aprendizado dos instrumentos, as mãos registram erros que deverão ser corrigidos. Sempre adotei, para mim e para os alunos, o método de dizer os nomes das notas tocando simultaneamente, ou contando os tempos da música.

Esse sistema sempre foi muito eficiente, pois significava uma verdadeira varredura no cérebro, detectando erros e eliminando-os, trazendo-os do inconsciente para o nível consciente e corrigindo-os. Forçando um pouco a comparação, esse trabalho teria um paralelo na técnica psicanalítica, quando o psicanalista e o paciente conseguem trazer à tona problemas recalcados pela memória.

Um belo exemplo me foi dado por Hélio Pellegrino. Um dos seus pacientes, depois de um atendimento em que ficou claro que ele não suportava o silêncio de outrem (partindo para uma reação extremamente violenta toda vez que não conseguia um diálogo), passou o dia sentindo cheiro de esparadrapo, misteriosamente.

Algumas horas mais tarde, esse paciente lembrou-se de ter sido vítima na sua pequena infância de alguém que, para impedi-lo de chorar, colocara esparadrapo em sua boca. Nunca vi uma demonstração mais forte do inconsciente em toda a minha vida, pois o paciente em questão era eu.

E as mãos que me imobilizaram? Foram as mesmas mãos que me guiaram a vida toda, com infinita ternura, com o amor total que só minha mãe poderia me dar. Olho desconfiado para minhas mãos! Quantas vezes elas não terão errado? Quantas inúmeras vezes, pensando estar certo, não cometi erros terríveis?

Esse pensamento me leva novamente ao ensino da música. Só é possível aprender repetindo, repetindo e repetindo. E nossas mãos simbolizam e realizam essas repetições. A vida desfila na nossa memória. Da capo. Recomeçar, repensar, refazer, contar em voz alta, narrar em voz alta, detalhar, cantar, as mãos sempre ocupadas. E mesmo quando, cansados, encostamos a cabeça no travesseiro e dormimos, elas ainda estão lá.

Cuidando, atentas!

Jacó, o trovão do bandolim

Jacó do Bandolim era o trovão. Onde ele estivesse, o espaço era totalmente ocupado ou pela sua voz ou pelo seu olhar ou pela sua música.

Seu bandolim encantado inundava nossas vidas através dos saraus na generosa casa de Jacarepaguá. Tia Amélia, Pixinguinha, Paulinho da Viola, Clementina, Canhoto da Paraíba, Dino, César Faria, Jonas, Oscar Cáceres, todos e tudo devidamente documentados pelo anfitrião com gravações, partituras e, mais esporadicamente, fotos.

Hermínio Bello de Carvalho fazia as vezes de mestre-de-cerimônia. Amigo fiel de Jacó, levou-me a presenciar situações inesquecíveis.

Numa delas, fomos com Jacó à casa de um solícito e idoso fã niteroiense: Nhônhô. Encontramos Jacó nas barcas e, como eu trazia o material completo do Concerto de Castelnuovo-Tedesco para violão e orquestra, ele divertiu-se toda a travessia tomando conhecimento daquela obra.

Mais tarde, em Niterói, já no táxi, a caminho da casa do famoso Nhônhô, percebo Jacó assobiando trechos do Concerto que lera há pouco.

— Jacó a melodia está errada. Não é bem assim...

Jacó, com sua tonitruante gargalhada, me adverte:

— Oh, Turíbio, não é a melodia. Estou assobiando a parte do violoncelo!

Todos estupefatos dentro do táxi. Eu, mais do que todos.

— Você decorou o Concerto?

— O Concerto todo não deu, mas do primeiro movimento, todas as linhas condutoras.

E saiu assobiando o primeiro-violino, a clarineta, a flauta etc. até a casa do Nhônhô, que ansioso nos aguardava na porta do jardim. Jacó desce do carro e seu vozeirão ordena:

— Paga o táxi, velho bandido!

A professora Ermelinda me olha espantada. Eu afirmo:

— Ermelinda, Jonas do Cavaquinho sempre me disse que Jacó aprendeu música em um dia!

— Mas isso é impossível, é inacreditável.

— Veja bem, Jacó aprendeu a escrever e ler música em um dia justamente por já saber tudo da música anteriormente.

— Mas... como?

— Eu não sei. Jonas me contou que ele foi bem cedinho para a casa de um spalla (primeiro-violino) amigo dele. Foi com a família toda. De manhã já sabia solfejar em qualquer clave. De tarde, aprendeu toda a notação da harmonia.

Incrédula, Ermelinda Azevedo Paz armou-se de disposição e descobriu a veracidade da história do Jonas. Todos seremos gratos à sua tenacidade de pesquisadora, e à sua biografia de Jacó do Bandolim. Detalhes: isso aconteceu entre 1948 e 1949, e o professor foi Dalton Vogeler.

N a casa do Nhônhô, fez-se muita música até as cinco horas da manhã. Todos tocaram e muito. Eu também.

Cansado, Jacó anuncia a retirada:

— Muito bem, é hora de irmos embora.

E Nhônhô, no taco:

— Mas por quê, Jacó? Alguma contrariedade?

Pronto. Jacó soltou o trovão em cima do velho. Uma cena de opereta bufa em que cada um já sabe o papel que lhe toca e Nhônhô nada mais fazia que representar o seu.

Resultado: Jacó impôs-lhe uma sentença. Passaria um ano sem tocar na casa do velhinho e sem falar com ele. O pobre só faltava chorar. No táxi, estávamos às gargalhadas enquanto ele já deveria estar tramando a reconquista do adorado Jacó.

Em geral, já que as rusgas entre ambos eram constantes, a pacificação era feita de maneira bem singela. Nhônhô passava uma tarde inteira na calçada escaldante do centro do Rio até encontrar "por acaso" diante da 8ª Vara Criminal com Jacó. Oferecia-lhe "por coincidência" aquele bolo maravilhoso da patroa e a rusga se encerrava com o agendamento de mais uma seresta.

Minha última lembrança de Jacó foi um gesto de generosidade dele. Agosto de 1966. O trovão me telefona. Queria fazer um sarau comemorando minha vitória no concurso em Paris. Como eu ia para o Nordeste, deixamos para marcar uma data na volta.

Aos cinqüenta e quatro anos, Jacó deixou-nos precipitadamente. Os inúmeros maços de Mistura Fina Especial Extra, fumados até durante suas duas parcas horas de sono, cobraram o seu altíssimo preço.

Agora Jacó anda por aí, nos bandolins, cavaquinhos, violões e composições das novas gerações. Sua presença passou a ser eterna na música brasileira. Carisma e inspiração.

Teatro Santa Isabel

Teatro Santa Isabel, Recife, 1970. O camareiro alarmado me avisa: Armandinho está aí!

Luís Costa, irmão do meu cunhado, falava-me sempre com admiração ilimitada do seu professor: Armandinho. Agora, o camareiro materializava aquele mito: violonista fora de série, compositor de primeira, técnica brilhante. Ele fora aluno de Villa-Lobos. A bebida acabou com tudo. Voltou para Recife derrotado pelo alcoolismo.

O camareiro me tira das memórias:

— A última vez que o Armandinho esteve no teatro, ele tentou se matar. Queria pular lá do alto, da galeria. Foi um sufoco segurar o homem.

— Armandinho é uma figura legendária. Por favor coloca alguém ao lado dele na platéia. Vou dedicar o concerto a ele, retruquei.

Dito e feito. Nessa noite, informei ao público da ilustre presença sem suspeitar o que aconteceria no final do evento. Retornando ao camarim, recebo pessoas, amigos, músicos, parentes, dou autógrafos, quando o camareiro irrompe novamente:

— Armandinho quer falar com senhor!

Leio preocupação no semblante das pessoas. Algumas cochicham e se entreolham. Quando me aproximo da porta, compreendo: um negro baixinho, andrajoso, incapaz de pronunciar uma palavra, perdido dentro da própria loucura.

Passado o choque inicial, recebo o Armandinho. Ele senta-se no camarim e falo um pouco sobre o Luís, sobre a reputação de grande violonista do próprio Armandinho, Villa-Lobos etc. A única reação do mendigo foi apontar para o meu violão indicando seu desejo de tocá-lo. Henrique Annes estava lá, espantado.

A pequena platéia ficou horrorizada. A minha maravilhosa "Fleta" de Barcelona não podia passar nas mãos sujas e vacilantes do Armandinho. Enfrentando essa oposição, entreguei o violão, sob o olhar literalmente apavorado do camareiro. O rosto sem expressão modificou-se imediatamente.

Um sorriso apareceu com as primeiras palavras:

— Eu me lembro do Luís.

A sucessão de pequenos milagres deixou-nos atarantados. O olhar nos fixava, nos conhecia, ao mesmo tempo que pequenos sons surgiam do violão. Uma transformação inacreditável transformou aquelas mãos sujas em duendes fabulosos que começaram a se mexer, cheios de habilidade, pelas seis cordas.

De repente, sem aviso, foram lançados os lamentos de *Recuerdos d'Alhambra*, de Francisco Tárrega, com um trêmolo impecável, cris-

• 82 •

talino, desafiando toda lógica de que é capaz o ser humano. Embasbacados, assistimos a um pequeno concerto; *Fandanguillo*, de Turina; choros de Armandinho, de João Pernambuco etc. Tudo acompanhado de pequenos comentários lúcidos e amigáveis.

Coube ao inevitável camareiro encerrar o milagre. Piscando as luzes do teatro, devolveu Armandinho às trevas da loucura. Da mesma maneira como emergiu para nos encantar, devolveu-me o violão e entregou-se de retorno para o vazio. Saiu do camarim balbuciando grunhidos e voltou para as ruas de Recife na sua interminável solidão.

Um ano depois morreu atropelado.

Bebidas inesquecíveis

A França e a Inglaterra, posso dizer que conheço como a palma da minha mão. Nos vinte anos que exerci com dedicação total a profissão de concertista, percorri esses países, aprendi muito, acumulei tesouros. Gente brasileira em terra de gente francesa e de gente inglesa. Um gosto de gente.

Que também é gosto de uísque, de cerveja e de vinho. Justamente na França, tive a oportunidade de viajar com um produtor que adorava bons vinhos. Aproveitando as turnês, ele experimentava a produção diretamente com os viticultores e, de sobra, alguma cachacinha francesa (*eau-de-vie*), em geral destilada ilegalmente.

Para este último exercício, era preciso recomendação especial. O homem do campo francês é totalmente desconfiado. O senhor veio da parte de quem? Da tia Fifi, irmã da Loulou, sobrinha do Gaston? Ah bom!

Aí, éramos recebidos como príncipes para uma *dégustation*. Uma espécie de chupeta (*pipette*) retirava um pouco do vinho dos tonéis, sem sacudi-lo, para depositá-lo numa espécie de colher de prata onde era devidamente degustado.

E vinham histórias com o vinho e a *eau-de-vie*. Rompida a barreira da desconfiança, os "pequenos proprietários", como são chamados, tornam-se extremamente generosos e acolhedores.

E também os grandes proprietários, como Madame Cruse, que gentilmente me levou-para conhecer um *cru* em Bordeaux. Um supimpa castelo (chamam de *manoir*) com uma produção de vinhos luxuosíssima.

As lembranças das bebidas na França, me conduzem também à cidade de Cognac, onde toquei várias vezes a convite de Mademoiselle Hennessy. Detalhe: no hotel sempre me aguardavam duas garrafas do fabuloso conhaque, cortesia da patrocinadora e sorte do patrocinado!

Já na Inglaterra, fui apresentado ao uísque de malte de maneira desafiadora. Um amigo inglês apostou que eu não agüentaria dividir com ele uma garrafa do dito uísque. E realmente não agüentei: no momento de depositar armas, a grande surpresa: meu adversário dormiu instantaneamente na minha frente. De madrugada (estava hospedado em sua casa), ainda fui convocado pela esposa para ajudá-la na inglória tarefa de limpar o banheiro, devastado pelo uísque de malte. Bons amigos, Dinea e Lyn Henney.

Minha semivitória custou-me a angústia de dois dias depois: dar um recital com a ligeira sensação de estar ébrio. Posso garantir uma coisa: a bebida e a música, principalmente se aquela for uísque de malte e esta for no violão clássico, são completamente incompatíveis.

• 85 •

Viagens precisas,
memórias imprecisas

Aterrisso em Manaus. O francês está me esperando. É professor das Alianças Francesas. Adepto fervoroso da moto e da mata. Vem acompanhando o táxi debruçado na sua máquina, do aeroporto até a cidade.

À tarde, fala-me da Amazônia com paixão. É sua terra de opção e quer que eu a conheça um pouco. No dia seguinte, saímos num pequeno barquinho com motor de popa e peço a bênção ao grande Rio. Embrenhamos por igapós e igarapés. É época pós-inundações e a natureza se esmera em preparar espelhos esplêndidos onde a vida se reflete com intensidade.

Não me lembro seu nome, apenas vagamente que eu fazia uma turnê de vinte e oito concertos por todo o Brasil para a Aliança Francesa. Ali, naquela cidade, o tempo parou de repente. Fomos até o limite da civilização. O anfitrião me explicava eventos do grande Rio:

— Está vendo aquela barca? Aqui todo o comércio é na base da troca. As pessoas caçam ou plantam ou colhem na mata e trocam por mantimentos, óleos, cigarro etc. A moça que está trocando neste momento ficou viúva na semana passada e tem quatro filhos para criar. Histórias de ciúme. O povo aqui resolve tudo na violência.

Mais tarde, chegamos a um pequeno sítio. Um caboclo afiava um facão. Somos apresentados. O francês mostra um velho fuzil ao lado de uma lanterna e explica:

— Severino, que veio do Nordeste, caça onça à noite. Com uma das mãos ilumina os olhos do bicho, com a outra atira.

Os dois riem com cumplicidade e, piscando os olhos, comentam:

— Valente mesmo é dona Rosa, que mora num último sítio depois deste, antes da mata fechada.

— E o que ela faz?

E os dois às gargalhadas:

— Caça onças!

À noite, depois do concerto, fomos num bar de periferia para comer um peixe bem à moda local. Éramos umas dez pessoas jantando do lado de fora do "pé-sujo". Subitamente pararam dois táxis e vários indivíduos armados nos renderam pedindo documentos. Assaltantes do sul haviam assassinado dois motoristas de táxi de Manaus e os colegas empreenderam uma investigação por conta própria.

Acontece que a maioria dos "justiceiros" estava bêbada e eu tinha o desprazer de ver que quem me apontava uma 32 niquelada balançava para frente e para trás, sem saber bem o que estava fazendo.

• 87 •

O francês, conhecedor do povo dali, com muita habilidade explicou que o único turista era eu, músico, violonista e seria o último dos suspeitos.

Os ânimos se acalmaram e a patrulha vingadora partiu na noite do subúrbio de Manaus, sabe-se lá para que outra empreitada lamentável.

Atravessamos o interior do estado de Pernambuco. O cenário é impressionante. Uma estrada reta até o horizonte, vegetação de agreste, escassa, árida. A pick-up avança célere e tanto eu como o motorista sentimos a ameaça velada daquele deserto, onde, de dia, pequenas tropas policiais tentam impor uma aparência de lei e, à noite, todos estão entregues à própria sorte. É o polígono da maconha.

O motorista, pernambucano de boa cepa, loquaz e possuidor de uma narrativa invejável, conta "causos". No melhor estilo Elomar.

Relembra a história de um "toureiro". No Nordeste, o toureiro não tem nada a ver com a tauromaquia, sua elegância, seus passos de bailado e suas capas mágicas. A equação é simples. Um indivíduo de força descomunal pula na arena e derruba o touro à força dos músculos.

O dito toureiro, segundo o motorista o mais forte da região, meteu-se a roubar gado nas horas vagas. Valia-se da sua fama de mau e impiedoso para garantir a impunidade. Os fazendeiros locais se organizaram e prenderam o herói, que passou a ter refeições alternativas de óleo com vidro esmagado. Depois de algum tempo do inclemente cardápio e com a interferência do nosso motorista, foi despachado para bem longe com a condição de nunca mais retornar.

Histórias de assombrações, ajustes de contas, desacertos políticos, desfilavam na mesma velocidade da pick-up, na voz inspirada do narrador. Sugeri que ele as registrasse, tal a riqueza do repertório. Não sei se o fez. Por meu turno, registro o talento de mestre Israel, contador sem igual de causos nordestinos.

Na neblina do campo uruguaio, vejo a figura franzina do meu amigo Gaúcho, João Wilney, desaparecer na direção da casa que ele construiu com as próprias mãos. Homenagem a seu irmão recém-falecido, mas homenagem igualmente ao prazer de viver em busca da felicidade. Grande fotógrafo, Gaúcho, em toda minha carreira, foi o único que conseguiu registrar um pensamento meu. Que pensamento? Pergunta indiscreta, mas vá lá...

No silêncio sepulcral da Sala Cecília Meireles um Prelúdio de Villa-Lobos me conduz a um harmônico. Gesto bonito da mão esquerda que se desprende do violão como se fosse voar. À medida que chego perto dessa passagem, também pressinto a presença sorrateira como um gato do Gaúcho. Só que com ele está uma máquina ruidosa, que já provocara outros conflitos em outros concertos.

E lá vem o harmônico. E lá vem o Gaúcho. E lá vem o plá da máquina. A foto é linda, vai servir como capa para meu disco *Mistura amigos*. E meu pensamento, cravado junto com harmônico e o ruído da foto: "Filho da Puta!"

O grande Gaúcho de repente fartou-se do Rio de Janeiro, do barulho, da correria, da indiferença das pessoas, da pouca solidariedade. Virou o norte de sua máquina para seu querido Sul e foi-se para Jaguarão. Não conformados, Marta e eu organizamos uma pequena turnê aproveitando um concerto em Porto Alegre e fomos à caça do amigo.

Antes de partir, ele nos mostrava sempre uma pequena maquete: uma casa que construiria com as próprias mãos. Dito e feito. Para nossa surpresa, ali estava a casinha documentando o infinito saber do nosso amigo. Com a ajuda de um operário, que tudo aprendeu com ele, Gaúcho reviveu os pássaros e criou seu ninho de sonho, bem lá no sul, do lado uruguaio da Lagoa Mirim.

Andrès Segovia em Pernambuco

Em 1970, fui convidado a interpretar peças modernas num Concurso Internacional de Violão da Rádio Televisão Francesa (ORTF). Elas concorriam ao prêmio de composição. Na sala de concertos da Rádio estava um convidado mais do que ilustre: Andrès Segovia! Encerrada a apresentação fomos todos, intérpretes, jurados e os organizadores, jantar e confraternizar.

Pedi à minha mulher, Sandra, que evitássemos qualquer aproximação com Segovia enquanto perdurasse a irritante bajulação invasora de certos violonistas. Tática perfeita. Sentindo-se incomodado pelo cerco inconveniente – um violonista japonês chegou a tocar para ele pedindo conselhos –, Segovia dirigiu-se ao ponto da mesa onde estávamos e simplesmente sentou-se diante de nós.

Apresentei-o a Sandra e, na conversa subseqüente, falamos na terra natal dela: Recife. Segovia tocara no Teatro Santa Isabel e, com sua charmosa conversa, começou a contar-nos um momento hilário de sua carreira: na meia hora que precedia seu concerto em Recife, ele passou a notar o barulho dos bondes. Deu uma pequena volta pelo teatro e percebeu que sua estrutura não era imune àquele som externo. Tomado de grande irritação (sua arte sempre dependeu do silêncio absoluto para o crescimento do bordado musical maravilhoso de seu violão), Segovia decidiu não tocar.

Naquele momento, bateu à porta do camarim o diretor do teatro, Waldemar de Oliveira.

— Maestro, faltam dez minutos para começar o concerto.

— Não vou tocar. O barulho dos bondes invade o teatro e eu não suporto isso!

— Perfeitamente, Maestro.

E, para surpresa de Segovia, Waldemar de Oliveira afasta-se calmamente como se nada tivesse acontecido. Aflito, ele vai à janela e observa a multidão chegando entusiasmada e ouve, novamente, o barulho dos bondes. Seu conflito é grande. Sua pena do público não chega a lhe permitir tocar com aquele ruído. Waldemar está na porta novamente, absolutamente calmo.

— Maestro, faltam cinco minutos, diz com um pequeno sorriso.

— Já lhe disse que não vou tocar. Não admito um concerto nessas condições. Vá anunciar ao público minha decisão!

— Perfeitamente, Maestro!

E, para total espanto de Segovia, Waldemar retornou a seus afazeres calmamente. Impávido. Andrès Segovia não podia acreditar no que estava acontecendo. Ficou completamente paralisado. Seu temperamento mercurial não conseguia reagir. Sua aflição é infinita diante daquela situação aberrante. Caminha de um lado para o outro. Está perdido, sem reação, quando seu implacável algoz se dirige a ele pela última vez e, em tom decidido, declara:

— Maestro, o público está lhe esperando.

Segovia, confuso como uma criança, colhe seu violão com humildade e, pedindo desculpas a ele por expô-lo pela primeira vez em sua vida a uma situação acústica adversa, dirige-se ao palco.

Ao final do brilhante recital, muitos bises, autógrafos e, no burburinho do camarim, alguém se aproxima e comenta:

— Maestro, o senhor percebeu que o diretor do teatro é surdo?

Passam-se muitos anos e, desta vez, ao final de um recital meu em Recife, estamos na efervescência do camarim no Teatro Novo. Para uma pequena roda de amigos e parentes Sandra conta animadamente seu encontro com Segovia. E descreve com minúcia o episódio do Teatro Santa Isabel e seu diretor.

Encontrando-me um pouco atrás do grupo, podia observá-los sem ser visto e um pequeno detalhe atraiu minha atenção. O diretor do Teatro Novo usava um aparelho auditivo. Não, não podia acreditar em meus próprios olhos! Era demais!

Era ele! O algoz, o implacável, o irredutível Waldemar de Oliveira. Fui me afastando, já às gargalhadas, antevendo o final da narração. Quando Sandra encerra seu relato ouve, boquiaberta, o cândido Waldemar de Oliveira anunciar ingenuamente.

— O diretor era eu!

Descobertas japonesas

Não conseguia entender o que estava acontecendo. Procurei me concentrar mais ainda na interpretação das músicas. Praticamente saí de mim mesmo, virei ouvinte e até espectador. Não havia nada de errado. Eu estava tocando bem, e até muito bem. A Suíte de Bach ia terminar com a "Giga", e não havia lugar para dúvidas: saiu impecável. Era o final da primeira parte do meu recital de *début* no Japão. Dia 5 de agosto de 1976.

Os aplausos mornos, ritmados, disciplinados. Como se todos aplaudissem por obrigação. Saí para o camarim arrasado. Não entendia a pouca receptividade. Concentrei-me. Na segunda parte era um leão com o violão entre os dentes. Indomável, imbatível. Mas os aplausos não esquentavam. Dei o assunto por encerrado quando me retirei do palco depois de *Astúrias* e *Sevilha*, de Isaac Albeniz, executadas com todo o brilho possível.

Aí... surpresa! Aqueles aplausos morninhos, comedidos, não paravam. A intensidade continuava serena, descansada, mas o ritmo tinha uma continuidade exasperante. Um, dois, três... sete bises. No último, interrompi a cadência dos aplausos e, agradecendo a acolhida calorosa, encerrei o programa.

Na saída, o empresário, enigmático, me perguntava:

— Não notou nada de estranho?

Decidi não dar o braço a torcer e tranqüilamente comentei:

— Um público como todos os outros, excelente.

Naquela época, havia quase uma tradição de dar susto nos artistas do Ocidente, deixando-os esperar os efusivos e calorosos aplausos no gênero eslavo ou alemão. Como estes não vinham, os estreantes para a platéia japonesa levavam invariavelmente um susto em suas primeiras apresentações.

No dia seguinte ao concerto de estréia outra surpresa me aguardava. Tinha visitado a Budo-Kan, onde se desenrolava um campeonato de judô da polícia de Tóquio. Passeei pelos jardins imperiais e decidi descansar um pouquinho antes do almoço no hotel.

Deitei-me na cama e comecei a ouvir barulhos estranhos e contínuos, trac, trac, trac. Súbito o colchão parecia ter se transformado num colchão de água, balançando em todas as direções. Os quadros batiam contra as paredes e tudo dentro do quarto obedecia a uma coreografia macabra. Sem conseguir me mover pensei: "Terremoto. Vou morrer no Japão."

O susto foi passando com o fim das sacudidas e pude perceber que tudo dentro do quarto era fixado e preparado para os momentos de tremor. Apesar da relativa violência do fenômeno, nenhum copo havia se quebrado. Milênios de convívio com a ameaça.

Antes de ir para o Japão eu permanecera em Sydney, na Austrália, por cinco meses. Sandra e nossos filhos, Ricardo (seis anos) e Manuela (quatro anos), tinham ficado lá, enquanto eu realizava uma turnê de duas semanas no Japão.

Por uma extraordinária coincidência, Neide, minha mãe, e Conceição, minha irmã mais velha, que haviam nos visitado em Sydney, vieram para o Japão no mesmo dia em que cheguei e acabaram participando de uma entrevista coletiva para a imprensa. No dia seguinte o *Ashai Shimbun*, um jornal de circulação gigantesca, trazia nossa foto às gargalhadas. Naquele exato momento, um repórter havia perguntado:

— O senhor sempre traz sua mãe e sua irmã nas suas viagens?

O povo japonês é de uma generosidade sem limites. Minha viagem era patrocinada, em parte, pela Yamaha, e eles me pediram para fazer uma visita à fábrica de violões na cidade de Hamamatsuyia.

Cheguei à fábrica na parte da manhã e fui recebido pela direção e uns oito artesãos. Levaram-me a uma grande sala, onde oito violões devidamente organizados em seus suportes verticais me esperavam. Os funcionários pediram uma avaliação daqueles violões, o que me prontifiquei a realizar. Mas com uma condição: queria ficar sozinho. Prontamente todos se retiraram e passei a cotejar aqueles belos instrumentos com a minha poderosa Fleta, de Barcelona.

Na realidade, eu é que acabara de passar por um verdadeiro exame. Minha escolha coincidia com a deles e o violão preferido me seria ofertado como lembrança. Expliquei aos fabricantes que não aceitava violões de presente por princípio, mas que gostaria de comprar o instrumento preferido e aceitaria um desconto no preço. Fechamos o negócio, dei todas as medidas preferenciais do meu gosto para altura e separação das cordas e, no último dia de minha estada, o violão seria levado a Tóquio, já preparado. Tudo aconteceu como previsto e mais uma surpresa bem japonesa: com o violão veio um colar de pérolas estupendo como presente para minha esposa.

Em Tóquio, na casa do grande luthier Masaru Kohno, ouvi falar pela primeira vez de Shigemitsu Suguiyama. Era um aluno do mestre que tinha se estabelecido em São Paulo e que eu viria a conhecer no ano seguinte, no Brasil. Foi num recital meu, no MASP, que Suguiyama apresentou-se e mostrou-me seu violão. O trabalho da madeira era espetacular, detalhado, de bom gosto, coisa de primeira. Mas o som decepcionava. Fechadinho, tímido, para dentro. Me senti na obrigação de dizer a verdade àquela pessoa tão solícita. E, para minha surpresa, veio o comentário sábio:

— Muito obrigado. Você é a primeira pessoa que me diz a verdade!

Mais tarde, fizemos uma longa caminhada. Suguiyama trazia seus violões de São Paulo. Comparávamos com minha Fleta e buscávamos aperfeiçoar o ataque, agudos, médios, graves. Alguns amigos foram comprando: João Bosco, Paulinho da Viola, Toquinho. Um dia o violão me pregou um susto. Gravava na Sala Cecília Meireles com meu amigo Carlos Fontenelle quando percebemos que as melhores versões estavam sendo feitas não na fabulosa Fleta, mas na desafiadora Suguiyama*. Que alegria! E mais, quando comuniquei este resultado ao luthier, o comentário veio cheio de sabedoria:

— Mas gostaria que você não parasse de criticar meu violão.

Na minha primeira temporada no Japão, em 76, vivi momentos inesquecíveis, grandes festas populares com as lanterninhas coloridas, danças típicas no centro dos parques e, mais do que tudo, uma sensação de infinita hospitalidade, mesmo quando não tínhamos nenhuma linguagem comum para nos comunicar.

Um país cheio de magia!

---

* Peço desculpas pelo tratamento feminino dado aos *meus* violões. Para mim serão sempre *minhas* violas ou *guitarras*.

A mentira

Não gosto de mentira, não sei mentir, detesto quem mente. Mas pera aí! Nunca menti? Lógico que sim, inúmeras vezes. Agora, imaginem se gostasse de mentir...

A mentira mais engraçada da minha vida aconteceu em Paris. E foi a mais eficiente também. Em dezembro de 1967 a Musidisc-Europe me telefonou. O cantor Richard Anthony tinha vendido milhões de cópias da canção "Aranjuez mon amour", composta em cima do *Concerto de Aranjuez*. A Musidisc armou um projeto para gravar uma versão a preços populares do *Concerto* e aproveitar a onda do sucesso. Precisavam viabilizá-lo com um violonista jovem, que não cobrasse caro e aproveitasse a oportunidade para se lançar.

— Sr. Santos, gostaria de gravar o *Concerto de Aranjuez*?

— Com certeza, respondi com a verdade.

— O sr., suponho, toca esse concerto?

— Com certeza, respondi com a mentira.

— Evidentemente o sr. já tocou com orquestra?

— Com certeza, respondi com a supermentira.

Eu tinha vinte e quatro anos e minha formação não incluía violão e orquestra, já que abandonara os estudos de arquitetura aos vinte e um anos para me dedicar integralmente ao violão. Conclusão: sou grato a todos os meus professores, mas o que eu exijo hoje para qualquer aluno com vinte anos de idade ninguém me exigia naquela época: ter pelo menos um concerto para violão e orquestra preparado.

O telefonema continuava:

— O sr. receberá U\$ 1.000 e terá o direito de escolher o repertório espanhol que quiser para o lado B do disco. Esperamos realizar uma venda de 50.000 exemplares a preços populares.

Desliguei o telefone horrorizado com a minha cara de pau e, principalmente, com a encrenca em que me metera: o *Concerto* seria gravado em trinta dias.

Eu não sabia uma nota do *Aranjuez*, nunca havia tocado com orquestra e, para cúmulo do azar, Oscar Cáceres e sua esposa, Irma, estariam chegando dali a duas semanas. Precisaríamos todos conviver num *studio d'artiste* de trinta metros quadrados, em plena St Germain-des-Prés, tendo a bordo um monstro: o *Concerto de Aranjuez*.

Todos podem imaginar que as minhas mentiras foram pagas com juros naqueles trinta dias fatídicos. No meio das festas de fim de ano, da alegria de receber os amigos, crescia um inferno regado a *Aranjuez*.

A gravação foi numa bela igreja de Paris, onde gravei outros discos mais tarde. A orquestra era recrutada para esse tipo de gravação; nada de sensacional, mas dava conta do recado.

No dia da gravação, consegui brigar com minha esposa Sandra e meus amigos Irma e Oscar. Saí batendo as portas, com uma febre de quarenta graus, fruto do cansaço, do nervosismo e, provavelmente, das mentiras.

O spalla me olhava desconfiado. Escutei-o cochichar algo para o segundo violino e deduzi: o cara já percebeu que eu nunca toquei com orquestra. Mas não me deixei intimidar. O regente e a orquestra não eram grande coisa. Fizemos uma gravação sofrível e, por sorte, Deus me deu a chance de refazer o *Concerto de Aranjuez* com a Orquestra Nacional de Monte-Carlo, regida por Cláudio Scimone, anos mais tarde para a Erato Disques.

O disco da Musidisc vendeu 300.000 cópias e serviu para meu lançamento fonográfico na Europa. A ousadia das minhas mentiras acabou abrindo as portas da Erato, maior companhia discográfica da França na época.

E não abriu só para mim. Graças a Silvio Silveira, amigo de Baden Powell, da Barclay discos, e a Michel Garcin, diretor artístico geral da Erato Disques, iniciou-se uma coleção com grandes violonistas, inclusive Oscar Cáceres e o nosso duo. O produtor dessa série não se revelou à altura da tarefa e a Erato acabou fechando um contrato de exclusividade comigo, igual ao de Jean-Pierre Rampal. Foram dezoito anos e dezoito discos. Com orquestras, flauta (Larrieu e Lardé), música de câmara, duo de violão, um trabalho obstinado e que, felizmente, ainda é muito aproveitado pela Warner, que veio a comprar a Erato.

Aqui, eu páro e penso. E confesso: sinto um frio na espinha com a dúvida — E se eu não tivesse mentido para a Musidisc?

DISCOGRAFIA

1. DOZE ESTUDOS PARA VIOLÃO, DE VILLA-LOBOS — MEC/MVL (Brasil)
2. DUO COM OSCAR CÁCERES — Caravelle (Brasil)
3. CHANTS BRÉSILIENS, com Maria d'Aparecida — RCA Victor (França)
4. VILLA-LOBOS E BARRIOS (45T) — RCA Victor (França)
5. CONCERTO D'ARANJUEZ — Musidisc Europe (França)
6. LA GUITARRE CLASSIQUE ESPAGNOLE (45T) — Musidisc Europe (França)
7. DOUZE ÉTUDES POUR LA GUITARRE, DE VILLA-LOBOS — Erato (França)
8. CONCERTO ET SEXTOUR MYSTIQUE, DE VILLA-LOBOS — Erato (França)
9. CLASSIQUES D'AMÉRIQUE LATINE — Erato (França)
10. MUSIQUE FRANÇAISE POUR GUITARRE — Erato (França)
11. MUSIQUE POUR DEUX GUITARRES, c/ Oscar Cáceres, I — Erato (França)
12. MUSIQUE POUR DEUX GUITARRES, c/ Oscar Cáceres, II — Erato (França)
13. DANSES ESPAGNOLES, I — Erato (França)
14. DANSES ESPAGNOLES, II — Erato (França)
15. MUSIQUE BRÉSILIENNE — Erato (França)
16. MUSIQUE DE J.S. BACH — Erato (França)
17. CHOROS DO BRASIL — Erato/Tapecar (França)
18. VALSAS E CHOROS (LP/CD) — Kuarup/Erato (Brasil)
    VALSAS E CHOROS (CD) — Milan (França)
19. FLÛTE E GUITARRE, com Christian Lardé — França (França)
20. MUSIQUE DE FERNANDO SOR — Erato (França)
21. CONCERTOS DE RODRIGO, c/ Orq. de Monte Carlo — Erato (França)
22. VIOLÃO BRASIL, c/ João Pedro Borges — Kuarup (Brasil)
23. OS CHOROS DE CÂMARA DE VILLA-LOBOS (CD/LP) — Kuarup/Chant du Monde (Brasil)
24. DOWLAND, BACH E SCARLATTI — Erato (França)

25. MELODIAS POUPULARES DE VILLA-LOBOS — Fund. Roberto Marinho (Brasil)

26. ENCONTRO, c/ Olívia Byington, Paulo Moura e Clara Sverner — Kuarup (Brasil)

27. TURIBIO SANTOS E ORQ. DE VIOLÕES DO RIO DE JANEIRO — Kuarup (Brasil)

28. DANSES DU BRÉSIL — Erato (França)

29. INTEGRAL DA OBRA DE VILLA-LOBOS P/ VIOLÃO, I (LP/CD) — Kuarup/Chant du Monde (França)

30. INTEGRAL DA OBRA DE VILLA-LOBOS P/ VIOLÃO, II (LP/CD) — Kuarup/Chant du Monde (França)

31. MUSIQUE DE BACH POUR GUITARRE (INÉDITO) — Kuarup (Brasil)

32. VILLA-VIOLÃO (LP/CD) — Kuarup (Brasil)

33. CONCERTO SERTANEZ, c/ Elomar, Xangai e João Omar (lp) — Estúdio de Invenções (Brasil)

34. O VIOLÃO BRASILEIRO DE TURIBIO SANTOS (CD) — Sony (Brasil)

35. GUITARRE FESTIVAL (Albeniz, Granados, Villa-Lobos) (CD/compilação) — Erato/Warner (França)

36. RODRIGO A ARANJUEZ (CD/compilação) — Erato/Warner (França/EUA/Alem.)

37. VILLA LOBOS À RIO DE JANEIRO (CD/compilação) — Erato/Warner (França)

38. SPANISCHE MAGIE / KLASSISCHE GLUT STÜDENS (CD/compilação) — Erato/Warner (Alem./Áustria)

39. MÚSICA ESPANHOLA (CD) — Imagem/Sanctus (Brasil)

40. FANTASIA BRASILEIRA (CD) — Visom (Brasil)

41. TURIBIO SANTOS MISTURA AMIGOS (CD) — Visom (Brasil)

42. TURIBIO SANTOS E ORQUESTRA DE VIOLÕES (CD) — Visom (Brasil)

43. LATINIDAD (CD/compilação) — Warner (Brasil)

44. VIOLÃO ROMANCEIRO — Ritornelo (Brasil)

45. NOITE DE LUA (Dilermando Reis e João Pernambuco) — Ritornelo (Brasil)

46. O GUARANI, com Leandro Carvalho — Ritornelo (Brasil)

47. VIOLÃO, AS ORIGENS — Ritornelo (Brasil)

48. VILLA-LOBOS, UMA VALSA DE PAIXÃO — Ritornelo (Brasil)

49. CANÇÕES INFANTIS — Ritornelo (Brasil)

50. MÚSICA ESPANHOLA — Ritornelo (Brasil)

51. AMAZÔNIA É BRASIL, c/ Carol Mc Davit — Secr. de Cultura (PA/Brasil)

52. VOYAGER Nº1 (participação) — WEA (Brasil)

53. VOYAGER Nº2 (participação) — WEA (Brasil)

54. BACH VISITA A MATA ATLÂNTICA — ROB Digital (Brasil)

Este livro foi composto pela
TopTextos Edições Gráficas,
em Cronnomm e Bembo, e
impresso pela GeoGráfica e
Editora em junho de 2002.